ボストンから、
ニューイングランド地方の
旬ごはん

―

サリバンよしこ

RECIPES INSPIRED BY NEW ENGLAND

JN081376

はじめに

ボストンからサリバンよしこです。

2000年の夏、この歴史あるボストンの地に降り立ってから今もなお私を魅了し続けているのは、ボストンを含む広大なニューイングランド地方の四季が織りなす美しい景色と、豊かな食文化の数々です。日本のように四季があり、歴史があり、季節ごとに行事や旬の食材があるということは、日本人の私にとってとても住みやすく、わびさびを感じられ、また楽しくもあります。

小さい頃から洋書のなかの季節ごとに変わるキッチンやテーブルや暖炉、お野菜やお肉、パンやスイーツなどを見て、いつかこんな暮らしがしてみたいと思っていた私にとって、このニューイングランド地方の四季のある暮らしはいつもわくわくすることばかり。お料理もベイキングも遊びもすべて自然とつながっていて、古いものから新しいものまでたくさん学ぶことがあります。

本書では、私が今まで見て感じてきたニューイングランド地方の四季の暮らしとお料理を、季節の行事にあわせてご紹介しています。ニューイングランドらしいレシピで、友人や家族にとくに好評なものを選んでいます。写真を見ながら、文を読みながら、そして作りながら、食べながら、ボストンやニューイングランド地方を感じて笑顔になっていただけたらうれしく思います。

目次

IV *Winter* 冬のごはん

冬 あたたかい食事を
家族で囲むクリスマス … 82

この本の使い方

・大さじ1は15ml、小さじ1は5mlです 。
・大きさを明記していない野菜は、標準的な大きさのも
のを使用しています。
・てんさい糖ときび糖はどちらを使ってもOKです。
・バターは基本的に有塩バターを使用しています。
・コンソメスープに使用する顆粒コンソメは、パッケージ
に記載されている使用量にあわせて加減してください。
また、できれば無添加のものをおすすめします。
・完成料理写真や作り方の写真は、材料欄の分量より多
くまたは少なく作っていたり、盛りつけている場合があ
ります。また、材料にはない飾りなどを添えている場合
があります。
・各レシピに記載している「3〜4人分」などの対象人数
は、あくまで目安です。食べる人や状況によって、適宜
加減してください。

1.ボストンシーポートから望む中心街。新旧の
ビルが連なる風景は昼夜ともに美しい。2.春
のボストンコモン広場は、ボストン中心地にあ
る人々の憩いの場。独立戦争の英雄ポール・リ
ビアの銅像もある。3.ボストン市内を走る路面
電車（地下鉄）は市内を行き交う人々の重要な
交通手段。4.7月4日の独立記念日には、街の
あちこちに大きな星条旗が掲げられ、アメリカ
人の愛国心の強さを感じさせる。5.赤い靴下
がアイコンのプロ野球チーム、ボストン・レッド
ソックスには、複数の日本人選手が歴代在籍
してきた。

1

2	3

5	4

6.ニューイングランド地方らしい風景のメイン州の灯台と海岸線。ニューイングランドには歴史的価値のある灯台が数多くある。7.秋の森は紅葉が美しい。散策やカヌーを楽しんだり、きのこ狩りも。8.シンプルな木製の外壁の家はケープコッド半島の伝統的スタイル。9.ボストンの冬は雪が多く、1m以上積もることも。10.冬のボストンダウンタウン。店が並ぶクインシーマーケットのクリスマスツリーは見ごたえ十分。11.ガス灯や石畳の道、レンガ造りの建物が並ぶボストン市内の高級住宅地ビーコンヒルは、歴史的風情があふれる。

```
      ┌─────┐
      │  6  │
 ┌───┐└─────┘
 │ 8 │
┌──┐└───┘
│7 │  ┌────┐
└──┘  │ 11 │
┌──┐┌──┐└────┘
│9 ││10│
└──┘└──┘
```

ニューイングランド地方と食文化

Food culture

ニューイングランド地方はアメリカ北東部に位置する地域で、ボストンが州都のマサチューセッツ州、ニューハンプシャー州、バーモント州、メイン州、コネチカット州、ロードアイランド州の6つの州が含まれています。この地域はイギリスの植民地であった歴史を持ち、アメリカ独立戦争発端の地としてとても重要な役割を果たしました。現在のボストンやその周辺は、ハーバード大学やマサチューセッツ工科大学などの高等教育機関が多数点在しており、レンガ造りの建物、独立戦争の史跡、教会やアメリカ初の公立図書館であるボストン市立図書館など歴史的建造物も数多く、知的な雰囲気が漂います。

また、ニューイングランド地方は海と山に囲まれており、その雄大で四季折々の表情を見せる自然はアメリカ国内でも有名です。とくに秋の紅葉のたぐいまれなる美しさは、ニューイングランドの人々の誇りでもあります。

そんなニューイングランドの食文化は、17世紀に入植したピューリタン（清教徒）や、その後のヨーロッパからの移民の影響が大きく、彼らが自国から持ち込んだ食材や伝統料理の知識によって、バラエティに富んだ食文化へと発展してきました。ロブスターロール、クラムチャウダー、りんごを使ったスイーツ、ポットローストなどはそのなかでもとくに有名な料理です。

先住民の知恵と経験が初期の入植者たちを助け、収穫の成功を祝ったサンクスギビングからはじまり今日にいたるまで、さまざまな文化をとり入れたニューイングランドの食と暮らし——。めぐりゆく季節や自然とともに長い歳月をかけて進化し、今もなお人々に愛され、受け継がれています。

Canada
カナダ

メイン州

バーモント州

ニューハンプシャー州

マサチューセッツ州

コネチカット州

New England

Boston
ボストン

ケープコッド半島
ロードアイランド州

NewYork
ニューヨーク

1

1.海辺の町に並ぶシャックハウスの看板。ロブスターをはじめ新鮮なシーフードが食べられる。2.サンクスギビングディナーでは、甘酸っぱいクランベリーソースが欠かせない。3.ほたてフライとコールスローのセットを、海辺のシャックハウススタイルで。4.マサチューセッツ州の州魚「たら」を使った家庭料理は日本人の舌にもあう。5.ニューイングランドの食材と、ヨーロッパ移民の調理法を融合したヤンキーポットロースト。6.シャックハウスで供されるスチームロブスターと、名物のスティーマーというちょっとグロテスクな見た目の貝を蒸したもの。どちらも溶かしバターをつけて食べると絶品！7.むきたての地元産のオイスターとチェリーストーン貝は濃厚でぷりぷり。8.缶に入ったブラウンブレッドとベイクドビーンズは定番のキャンプのお供。

Spring

春のごはん

I

春

春の到来や新しい命のはじまりを祝うイースター

長く寒い冬を乗り越え、待ちに待った季節の到来です。

昼と夜の気温の差が出てくる3月初旬は、ニューイングランド地方が誇るメープルシロップの収穫の時期。カエデの木から流れる樹液を採取し煮詰め、甘くておいしいシロップができ上がります。初採りのメープルシロップはとても繊細で希少価値があり、その後次第に糖分が増し色濃くなり、風味も豊かになっていきます。この時期各地で開催されるメープルシロップの収穫祭は、製造過程を見学でき試食もできる楽しいイベントです。また、庭先や公園ではクロッカスやスノードロップが咲きはじめ、水仙、チューリップ、レンギョウ、モクレン、桜など色とりどりの花が次々と咲いていきます。イースター（復活祭）を迎える頃には春の芽吹きを感じられ、みんなで春の到来や新しい命のはじまりを祝います。イースターディナーで春に生まれる子羊や、ハーブで最初に芽吹くといわれているミント、春から初夏が旬のグリーンピースが一般的に食べられる理由はそこにあります。

イースターの前の3月17日は、セントパトリックスデーというアイリッシュのお祝いの日です。アイリッシュパブではギネスビールが飲まれ、アイリッシュディナーに舌鼓を打つ人たちの姿が。この日によく食べられるのが「コーンドビーフとキャベツとポテト」（本書では「ニューイングランドボイルドディナー」として紹介）です。ボストンでアイルランド人が故郷の料理に似せて作ったとされるまさに文化が融合した料理で、今ではアメリカ各地で食べられています。

森を歩けばわらびやこごみなどの山菜や春のきのこが採れ、5月の母の日の頃には多くの家の庭先でライラックが豊潤な香りとともに咲き乱れ、ガーデニングやBBQ、ピクニックを楽しむ人たちも。すべてにおいてエネルギーに満ちあふれていて、気候もいちばん過ごしやすい季節です。

1　　　　2　　　　3　　　　4

イースターのテーブル。左下から時計
まわりにミントとグリーンピースのスープ
（P.19）、デビルドエッグ（P.14）、ハーブ
クラストラックオブラム（P.24）。

1.セントパトリックスデーには、シンボ
ルの緑のクローバーと黒いギネスビー
ル！ 2.ニューイングランド産のメープ
ルシロップ。3.イースターには白い卵
をカラフルに染める。4."イースターバ
ニーが隠した"キャンディーやおこづか
いが入った卵を探すのが、子どもたち
のお楽しみ。5.かぐわしいライラックは
涼しいこの地方ならではの花。

デビルドエッグ

Deviled Eggs

—

イースターのシンボルのひとつである卵で、春らしい色合いの前菜を作ります。
飾りにチャイブなどをちらして色を引き締めて。

材料（3〜4人分）

かたゆで卵…6個

A｜スモークサーモン（小さく切る）

　　…80g

　　サワークリーム…大さじ3

　　マヨネーズ…大さじ3

　　カレー粉…小さじ1/2

いくら…適量

チャイブ（またはイタリアンパセリ、小ねぎなど）

　　（小口切り、イタリアンパセリはみじん切り）

　　…適量

作り方

1- かたゆで卵を縦半分に切り、なかの黄身をとり出しボウルに入れる（a）。白身は皿の上などにのせておく（このとき白身が固定されない場合は、底辺を少し削るとよい）。

2- 黄身の入ったボウルに、Aを加え（b）、黄身をつぶしながらよく混ぜあわせる。

3- 白身のくぼみ部分に2を盛り、いくらをのせ、チャイブをちらす。

Notes

絞り袋を使って、おしゃれに盛りつけても。

a　　　　　　　　　　　　b

いちごサルサ

Strawberry Salsa

—

いちごの露地ものは初夏が旬ですが、日本の春はいちごであふれているはず。
まさかの組みあわせですが実においしいので、ぜひ作ってみてください。

材料（4〜6人分）

いちご…150g

紫玉ねぎ…15g

パクチー…適量

ハラペーニョ（または青唐辛子）（好みで）
　…適宜

ライムの搾り汁…1/4個分

黒こしょう…適量

メープルシロップ（好みで）…適宜

トルティーヤチップス…適量

作り方

1- いちごは洗ってヘタをとり、縦半
　分に切ってからそれぞれ6〜8等
　分ほどに切る（計12〜16等分）。紫玉
　ねぎはみじん切りに、パクチーはざ
　く切りにする。好みでハラペーニョ
　は半分に切ってなかの種をとり出
　し、みじん切りにする（辛さがわから
　ない場合は少しずつ味をみながら足すとよ
　い）。

2- ボウルに1を入れ、ライムの搾り汁
　を加えよく混ぜる。味をみながら
　黒こしょうと、好みでメープルシ
　ロップを加える。トルティーヤチッ
　プスとサーブする。

Notes

・アメリカのいちごは酸味が強いのでメー
　プルシロップを入れますが、甘いいちごの
　場合はなしでも。

・普通の玉ねぎより辛みが少ない紫玉ねぎ
　を使うのがポイント。新玉ねぎを使っても
　いいでしょう。

カラフル春サラダ

Bright Spring Salad

ビタミンカラーをふんだんにとり入れたサラダ。
春のハーブのミントの葉を加えると、フレッシュ感が出ておすすめです。
にんじんドレッシングや新玉ねぎドレッシングと一緒にどうぞ。

材料 (2人分)

ベビーリーフ…1袋 (40〜50g)

ゆで卵…2個

ミント…適量

ラディッシュ…2〜4個

カラフルにんじん…1本 (または大1/2本)

紅芯だいこん…1/2〜1個

スナップえんどう (生またはゆでる)…6〜8本

アスパラガス (ゆでる)…4本

いんげん (ゆでる)…6〜8本

グリーンピース (ゆでたもの)…約大さじ4

エディブルフラワー

　(菜の花などの花の部分のみ) (好みで)…適宜

にんじんドレッシング

　(または新玉ねぎドレッシング)…適量

作り方

1- ベビーリーフは水洗いして水気をきる。ゆで卵は縦4つに切る。ミントは葉をちぎる。ラディッシュは薄い輪切りまたは縦2つに切り、にんじんは薄い輪切りまたは半月切りに、紅芯だいこんは薄い輪切りまたは大きければ半月切り (いちょう切りでも) にする。スナップえんどうはなかの豆を見せるように縦に切る。アスパラガスといんげんは食べやすい大きさに切る。すべて皿に盛りつけて、ドレッシングをかけて食べる。

Notes

ベビーリーフ以外はお好みで。スライスしたいちごを加えても春らしくて◎。

にんじんドレッシング

Carrot Dressing

—

メープルシロップがにんじんの自然の甘みを引き出し、野菜をたくさん食べられます。

材料 (作りやすい量)

にんじん…120g

玉ねぎ…1/4個

米酢…大さじ4

醤油…大さじ4

エキストラバージンオリーブオイル…大さじ4

メープルシロップ…大さじ1

作り方

1- 材料すべてをハンドブレンダー (またはミキサー) でよく撹拌する。またはにんじんと玉ねぎはすりおろし、残りの材料とともによく混ぜあわせる。

新玉ねぎドレッシング

Spring Onion Dressing

—

新玉ねぎが手に入らなければ普通の玉ねぎで作っても。

材料 (作りやすい量)

新玉ねぎ…100g

にんにく…1/2かけ

醤油…大さじ2

米酢…大さじ2

エキストラバージンオリーブオイル…大さじ2

メープルシロップ…大さじ1/2〜1

黒こしょう…少々

作り方

1- 材料すべてをハンドブレンダー (またはミキサー) でよく撹拌する。または新玉ねぎはすりおろし、残りの材料とよく混ぜあわせる。

Notes　ドレッシングはいずれも冷蔵庫で1週間程度保存が可能。

メープルグレイズドキャロット

Maple Glazed Carrots

—

この地の特産物のひとつ、メープルシロップを使ったにんじんのロースト。
メープルシロップとにんじんの甘さが相まって、いくらでも食べられてしまいます。

材料 (4〜6人分)

カラフルにんじん (または普通のにんじん)

　　…500g

A | メープルシロップ…大さじ3
　 | てんさい糖 (またはきび糖)…大さじ2
　 | 塩、黒こしょう…各少々

無塩バター…35g

イタリアンパセリ (みじん切り) (好みで)

　　…適宜

作り方

1- 天板にアルミホイルを2枚重ねる。

2- にんじんは洗って皮をむき、縦に4つ
割り (細いようなら2つ割り、普通のにんじん
の場合は6つ割りなどでも) に切り、天板に
並べる。

3- Aをにんじんにふりかけ、天板の上
で混ぜあわせる (a)。にんじんが重
ならないように並べ、上にちぎった
バターをのせる (b)。

4- 200℃に予熱したオーブンで20〜30
分、にんじんに火が通り、ふちに焼
き色がつくまでカラメリゼする。途
中10分ごとに混ぜあわせる。皿に盛
り、好みで飾りにパセリをちらす。

Notes

・にんじんの大きさや太さによって火が通る焼
き時間が異なるので、様子をみて調整を。
・アルミホイルは冷めると天板に貼りつきはが
しづらくなるため、調理後すぐにとりましょう。

a　　　　　　　　　　*b*

ミントとグリーンピースのスープ

Minty Pea Soup

—

ミントとグリーンピースも、イースターディナーに欠かせない食材です。
ミントの葉を少し加えることでうまみが引き出され、さわやかな味わいに。

材料（4人分）

グリーンピース（生または冷凍）
　　…200〜225g

玉ねぎ…小1個

バター…15g

オリーブオイル…大さじ1/2

コンソメスープ（顆粒コンソメを適量の
　　湯で溶いたもの）*…240ml

牛乳…120ml

生クリーム…大さじ4

塩…小さじ1/4〜（好みで）

ミントの葉…8〜10枚

＊ビーフ、チキン、野菜
　　いずれのコンソメでもOK

作り方

1- 玉ねぎは薄切りにする。鍋を中火にかけバターとオリーブオイルを
入れてあたため、玉ねぎをしんなりするまで炒める。グリーンピー
スを加え、2分ほど炒める。

2- コンソメスープを加え（a）、煮立ったら火を弱め、グリーンピース
がやわらかくなったら火を止める。ミントの葉を加え、ハンドブレン
ダー（またはミキサー）でなめらかになるまで攪拌する。

3- 牛乳を加え、再度弱めの中火にかけ、塩で味をととのえる。煮立
つ前に生クリームを加えて火を止める。冷たくしてサーブする場合
は、粗熱がとれてから冷蔵庫で冷やす。

Notes
冷たくしても、あたたかいままでもおいしい。

ニューイングランドボイルドディナー

St. Patrick's Day New England Boiled Dinner (Corned Beef and Cabbage)

—

セントパトリックスデーに好んで食べられるコーンドビーフとキャベツのディナー、
別名ニューイングランドボイルドディナーと呼ばれる地域の伝統的な家庭料理です。
ブリスケットと呼ばれる濃厚な甘みと強い風味の牛肩バラかたまり肉をじっくり調理。

材料 (4〜6人分)

ピクルススパイスミックス

　　ローレル…4枚

　　シナモンスティック…2本

　　クローブホール…16粒

　　オールスパイスホール…大さじ1

　　黒こしょうホール…大さじ2

　　マスタードシード…大さじ2

　　コリアンダーシード…大さじ2

　　チリペッパー…小さじ1

A　　塩…150g

　　ブラウンシュガー (または三温糖、てんさい糖、
　　　きび糖など) …75g

　　にんにく (つぶす) …3かけ

　　水…1.5L

牛肩バラかたまり肉 (ブリスケット) …約1kg

じゃがいも…4個

キャベツ…1/2個

にんじん…2本

黒こしょう、粒マスタード (好みで)
　　…各適宜

作り方

1- ピクルススパイスミックスの材料をすべて混ぜあわせる。ローレルの葉は手でちぎり、シナモンスティックは手で折りながら加える (a) 。

2- 1の半量とAを大きな鍋に入れて中火にかけ、沸騰させる。火からおろして室温になるまで完全に冷ます。

3- 保存容器に牛肉と2を入れ (b) 、ふたをして、冷蔵庫で2〜5日間漬ける (肉が浮いてこないように、皿をかぶせておくとよい) 。

4- 3から肉をとり出して、流水で液を洗い流したら、鍋に入れる。かぶるぐらいの水と1の残りのピクルススパイスミックスを加えて、中火にかける。煮立ったら弱火にしてふたをし、やわらかくなるまで3時間ほど煮る。

5- 肉を煮ている間に、キャベツは4等分に、にんじんは縦に2〜4等分 (長ければさらに横半分) に、じゃがいも (皮はむいてもむかなくても好みで) は半分 (大きければ4等分でも) に切る。

6- ボウルに肉と750mlほどの煮汁を移し、ラップやホイルなどをかぶせておく。5の野菜を肉をとり出した鍋に入れ、やわらかくなるまで10〜15分煮る。

7 肉をまな板の上におき、肉の繊維と直角になるように1cmほどの厚さにスライスする。肉と野菜を一緒に盛りつけ、好みで黒こしょう、粒マスタードを添える。

Notes

肉は必ず繊維に対して直角に切りましょう。繊維を断ち切るとやわらかい食感が楽しめます。

a　　　　　　　　　　*b*

コーンドビーフハッシュ

Corned Beef Hash

—

アメリカのダイナーでは欠かせない朝ごはんメニューのひとつ。
ニューイングランドボイルドディナーのコーンドビーフを少し残しておいて、
ぜひ作ってみてください。半熟の目玉焼きとトーストを添えて。

材料 (4人分)

じゃがいも…2個
玉ねぎ…1/4個
コーンドビーフ (P.20) (または市販のコンビーフ)
　…約120g
バター…30g＋適宜
オリーブオイル…小さじ1
塩、黒こしょう…各適量
イタリアンパセリ (みじん切り) …適量

Notes
市販のコンビーフで作る場合、バターは半量にしても。

作り方

1- 皮をむいたじゃがいもを2cm角に切り鍋に入れ、ひたひたの水に塩小さじ1/4 (分量外) を加え、中火にかけてゆでる。竹串がすっと通るくらいまでやわらかくなったら、湯をきって水気をとばす (a)。玉ねぎはみじん切りに、コーンドビーフは粗みじん切りにする。

2- フライパンを中火にかけバターとオリーブオイルを入れてあたため、玉ねぎを炒める。玉ねぎが半透明になってきたら、コーンドビーフとじゃがいもを加えて混ぜ (b)、フライパン全体に均等に広げる。強めの中火にし、コーンドビーフとじゃがいもをフライ返しで押さえつけるようにして焼き目をつける (決してかき混ぜない)。

3- 底面に焼き色がついてきたら1/4ずつくらいにわけてひっくり返し (c)、またフライ返しで押さえつけて焼き目をつける。必要ならバターを適宜足し、好みの焼き色になるまでさらにあと1～2回繰り返す。

4- 火からおろし、塩、黒こしょうで味をととのえ、パセリをちらす。

a   *b*   *c*

ハーブクラストラックオブラム

Herb-Crusted Rack of Lamb

—

イースターのメイン料理の代表格といえばラム料理。しっかりした下味と、
ハーブをきかせたパン粉のクラストがラム特有のにおいを抑え、うまみもアップ。
つけ合わせにはマッシュポテトやローストした野菜、サラダを。

材料（3〜4人分）

ラムの骨つきロースかたまり肉
　　　…1ラック（8本）

塩…小さじ1

黒こしょう…適量

オリーブオイル…適量

ディジョンマスタード…大さじ2

ハーブクラスト（衣）

> パン粉…30g
>
> レモンの皮（すりおろす）…1個分
>
> フレッシュタイム（みじん切り）
> 　　…大さじ2*
>
> フレッシュローズマリー（みじん切り）
> 　　…大さじ2*
>
> フレッシュイタリアンパセリ（みじん切り）
> 　　…大さじ2*
>
> パルメザンチーズ…大さじ2
>
> にんにく（みじん切り）…1かけ分
>
> オリーブオイル…大さじ2

マッシュポテト（P.64、P.93）、
　　ハーブローストポテト（P.92）など
　　…各適量

＊いずれもドライハーブでもOK。ただし分量は
　フレッシュハーブの半量を使用

作り方

1- ラム肉は調理する30分ほど前に冷蔵庫から出し、室温に近い状態にしておく。

2- ラムの赤身の上に脂肪が厚くついている場合は、包丁でそぎ落とす（a）。塩、黒こしょうをまんべんなくふり、手でもむようにしてよくなじませる。

3- フライパンを強めの中火にかけ少量のオリーブオイルを入れてあたため、ラム肉の各面を2分ずつ焼きつけ、全体に焼き色をつける。バットにとり出し、粗熱をとる。

4- ラム肉の粗熱をとっている間に、ハーブクラストのすべての材料をよく混ぜておく。ラム肉（骨以外）にマスタードを塗り、ハーブクラストをまんべんなくつける。くずれないように押さえながらつける。

5- オーブン用シートを敷いた天板に4をのせ、200℃に予熱したオーブンに入れる。レア〜ミディアムレアがよい場合は20〜25分焼き、温度計を肉のいちばん厚いところの真ん中に挿し（b）、52〜54℃になっていればとり出す（ミディアム〜ウェルダンがよい場合は25〜30分焼き、54〜57℃になればOK）。

6- オーブンからとり出したラム肉にアルミホイルをふんわりかぶせ、10分やすませる（希望の温度より少し高めになってしまった場合は、アルミホイルはかぶせずに肉をやすませる）。

7- クラストがはがれないよう気をつけながら、1本ずつ切り分ける。1人あたり2〜3本ずつサーブする。つけ合わせはマッシュポテトやローストポテトなどを。

Notes

ラムチョップを使う場合

1 塩、黒こしょうを全体にふり、少量のオリーブオイルを中火であたためたフライパンで各面を1分ずつ焼く（脂身の面から焼く）。2 フライパンからとり出し粗熱がとれたら、片面にマスタードをぬり、ハーブクラストをつける。3 オーブン用シートの上にハーブクラストをつけた面を上にしてのせ、200℃に予熱したオーブンで11〜13分焼く（焼き加減の温度は上記の作り方5参照）。ウェルダンがよい場合は焼き時間をのばすなどして調整を。5〜10分やすませてからサーブする。

a　　　　　　b

アスパラガスとスモークサーモンの
春のキッシュ

Asparagus and Smoked Salmon Spring Quiche

—

春の野菜アスパラガスとスモークサーモンを使った、彩り豊かな一品。
フィリングにはあえてチーズを入れずに軽い仕上がりにしました。
パイ生地はひとまとめにした後に冷蔵庫でねかせないので、手軽に作れます。

材料（直径15〜18cmタルト型1台分）

パイ生地

| 薄力粉…100g |
| 砂糖…大さじ1/2 |
| 塩…小さじ1/8 |
| 無塩バター…60g |
| 冷水…大さじ1と1/2 |

フィリング

A	卵…2個
	牛乳…50ml
	生クリーム…70ml
	塩…小さじ1/4
	黒こしょう…少々
アスパラガス…5本
スモークサーモン…70g
フレッシュディル（みじん切り）…大さじ1

作り方

1- パイ生地を作る。大きなボウルに薄力粉、砂糖、塩を混ぜあわせる。1cm角ほどに切って冷やしておいた無塩バターを加え、ペイストリーブレンダー（またはフォーク2本）で、そぼろ状になるまでバターを切るようにして粉と混ぜあわせていく。

2- 冷水を加え、フォークで生地をまとめていく（a）。生地がまとまってきたら手でひとまとめにして、打ち粉（分量外）をした作業台の上に生地をのせ、丸くまとめてから平たくのばす（b）。

3- 麺棒を使って均等に、型よりもひとまわり大きめにのばしていく。麺棒に生地を巻きつけて、無塩バター（分量外）を薄くぬったタルト型にのせる（c）。型の底、横、ふちに生地をしっかりと指で押さえ、ふちから少しはみ出した生地を折り曲げながらつまむようにして形を整える（型のふちより少し高くなるようにする）（d）。

4- フォークで底全体に穴を開け、生地が縮まないようにするために冷蔵庫に入れて30分やすませる。

Notes

このパイ生地は食事以外に甘いパイやタルト生地としても使えます。

⟶
Continued on next page

a　　　　*b*　　　　*c*　　　　*d*

作り方

5 ‑ 冷蔵庫から生地をとり出し、オーブン用シートを生地の
　　上におき、その上にパイ重石 (なければ米や乾燥豆でも) をの
　　せ (e)、190℃に予熱したオーブンで15分焼く。

6 ‑ 生地をオーブンからとり出し、重石をオーブン用シート
　　ごとはずして、再び生地をオーブンに入れ、190℃で5〜
　　7分焼く。オーブンからとり出し、冷ましておく。

7 ‑ フィリングの準備をする。アスパラガスは根元を折るか
　　切り落とし、食べやすい大きさに切る。スモークサーモ
　　ンも食べやすい大きさに切る (f)。

8 ‑ ボウルにAを入れ、よく混ぜあわせる。

9 ‑ 冷めたパイ生地にサーモン、アスパラ、ディルの順に重
　　ねて並べる (g)。8を流し入れ (h)、180℃に予熱した
　　オーブンで25〜30分焼く。串を刺してなにもついてこな
　　ければでき上がり。網の上で冷ましてから切り分ける。

e   *f*

g   *h*

Summer

夏のごはん

II

夏

家族や友人とクックアウトを楽しむ独立記念日

ニューイングランド地方の海と山の自然の恵みを存分に楽しめる、もっとも活気あふれる季節です。

夏の風物詩といえば、ボストン発祥のクラムチャウダーとロブスター。ボストンエリアに来たらこの2つは絶対にはずせません。ニューイングランドのクラムチャウダーは生クリームをたっぷり入れたクリーミーなタイプで、二枚貝を殻からはずして身だけを入れます。ロブスターはそのまま蒸したりゆでたりして溶かしバターにつけて食べるのがいちばんですが、身をサラダ風にしたりバターでからめてふわふわのバンズに挟んで食べるロブスターロールもとてもおいしい。海辺で新鮮なシーフード料理を提供するシャックハウスなどでも手軽に食べられます（本書では手に入りやすいえびを使ったレシピを紹介）。新鮮な魚介類を楽しめるのは大西洋に面しているニューイングランド地方ならではは。ボストン沖で水揚げされる本まぐろは日本へも輸出されています。また、ブルーベリー、ラズベリー、ピーチなどのフルーツピッキングも夏の楽しみ。ドライブをしていると、「Pick your own !（自分で収穫を！）」という看板をよく見かけます。なかには新鮮な卵、朝採れの甘いとうもろこし、採れたて野菜、生蜂蜜、手作りジャムなどがおいてあるファームスタンドもあったりして心躍ります。

7月4日の独立記念日には大きな花火が打ち上げられ、家族や親戚、友人たちと「クックアウト」といって、外でハンバーガーや肉や野菜などのBBQを楽しみます。ポットラック（持ちより）も多く、各家庭の味のサイドディッシュを楽しめたりもします。

全米で大人気のHazy（濁った）でフルーティーでジューシーなクラフトビール、New England IPAを製造しているブリューワリーの数々を訪れるのも楽しい時期です。タップルーム（ビールバー）や野外での試飲、地元のフードトラックなどが提供する料理を堪能できます。

1   2   3

独立記念日のテーブル。手前左から右に
サリバンズバーガー（P.42）、ボストンベ
イクドビーンズ（P.40）、自家製レモネー
ド（P.56）、左奥・魅惑のポテトディルサ
ラダ（P.34）。

1.ニューイングランド名物の「クラムベ
イク」は、新鮮な魚介類を海藻や海水
を使って蒸し焼きに。2.グリルで焼く
ハンバーガーは格別！3.濃厚なベイクド
ビーンズはボストンの伝統的な家庭料
理。4.New England IPAビールのこの
濁りが、最高においしい！

悶絶コーンサルサ

Corn Salsa

—

Instagramでいちばん人気のレシピ。そのまま食べても、肉や魚とあわせてもおいしい。
おもてなしやパーティーにもぴったりです。旬の甘いとうもろこしでぜひ!

材料 (4人分)

とうもろこし (ゆでたもの) …2本

紫玉ねぎ…1/4〜1/2個

アボカド…1個

ミニトマト…6〜8個

パクチー…適量

A ライムの搾り汁…1個分
　 塩…小さじ1/2
　 てんさい糖 (またはきび糖) …大さじ1*
　 オリーブオイル…大さじ4

トルティーヤチップス…適量

*とうもろこしの甘さによって加減を

作り方

1- とうもろこしは長さを半分に切り、切り口を下にして芯に沿って粒を包丁でそぎ落とす (a)。

2- 紫玉ねぎはみじん切りに、アボカドは半分に切って種をとり、皮をむいて、1.5〜2cm角に切る。ミニトマトは半分 (大きければ4等分でも) に切る。パクチーは粗みじん切りにする。

3- ボウルに1と2を入れ、Aを加え (b)、混ぜあわせる。

4- トルティーヤチップスとサーブする。

Notes

パクチーがおいしさの決め手。好きな方はもりもりたくさん楽しんで。苦手な方はまず少量からトライしてみてください。

a　　　*b*

クリーミーコールスロー

Creamy Coleslaw

—

酸っぱさと甘さのバランスが絶妙なコールスローは、つけ合わせに最適。
ボウルごと抱えて食べたいおいしさです。

材料（2〜4人分）

A* | キャベツ…170g
　 | 紫キャベツ…40g
　 | にんじん…40g
　 | 塩…小さじ1/4

B | マヨネーズ…大さじ3
　| りんご酢…大さじ1
　| ディジョンマスタード…小さじ1
　| メープルシロップ…大さじ2
　| セロリシード（好みで）…小さじ1/4
　| 黒こしょう（好みで）…少々

＊全部で250gになれば、
　それぞれの野菜の量は変更してOK

作り方

1- Aの野菜は洗って、それぞれ千切りよりやや太めに切る。ボウルに入れて塩をふり入れ混ぜあわせる。10〜15分おいてからぎゅっと絞って水分をきる。

2- Bを小さめのボウルに入れ混ぜあわせてから、1にまわしかけ（a）、よく混ぜて味をなじませる。

Notes

セロリシードは隠し味になるのでぜひ。

魅惑のポテトディルサラダ

Potato Salad with Dill

—

永遠に食べられるやみつきポテトサラダは大人気のほめられレシピ。
フレッシュディルを入れることでさわやかな味わいになりますが、
なくてもおいしいのでお好みで。好きな方はぜひたくさんディルを入れて。

材料 (4人分)

じゃがいも…4個
セロリ…1〜2本 (大きさや好みで)
紫玉ねぎ (または玉ねぎ) …1/2個
ゆで卵…4個
マヨネーズ…約100ml
フレッシュディル (みじん切り)
　…適量
塩、黒こしょう…各適量

作り方

1- じゃがいもをひと口大に切り (皮はむいてもむかなくても好み
で) (a) 、鍋に入れる。ひたひたになるぐらいの水を注
ぎ、塩小さじ1 (分量外) を入れ中火にかけ、煮立ったら弱
火にしてじゃがいもがやわらかくなるまでゆでる。湯を
きり、再び中火にかけ、30秒ほど鍋をゆらしながら水分
をとばし、火からおろす。

2- じゃがいもをゆでている間にセロリと紫玉ねぎを粗み
じん切りにし、ゆで卵は1.5cm角ほどに粗く刻む。

3- ボウルにゆで上がったじゃがいも、セロリ、紫玉ねぎ、
ゆで卵、マヨネーズ、ディルを入れ (b) 、混ぜあわせ、
塩、黒こしょうで味をととのえる。

34
—
35

Summer

Notes

じゃがいもの余熱で玉ねぎがまろやかに
になりますが、普通の玉ねぎを使う場
合は、先に水にさらしてから水気をきっ
て使用してもよいでしょう。

a *b*

ニューイングランドクラムチャウダー
New England Clam Chowder
—

濃厚でクリーミーなクラムチャウダーはボストンが誇る名物料理。
貝から出る汁がおいしさの秘訣。
ブレッドボウルの器に入れてサーブするのもおいしい。

材料 (4～6人分)

ホンビノス貝やあさりなどの二枚貝
　　…1.3～1.4kg程度
　　(むき身で100gになればよい)

白ワイン…240ml

ベーコン (あればやや厚め)…100g

セロリ…2～3本

玉ねぎ…1個

にんにく…1かけ

じゃがいも…3～4個

バター…55g

オリーブオイル…大さじ1

薄力粉…大さじ2

A｜塩…小さじ1/4
　｜黒こしょう…適量
　｜ローレル…2枚
　｜フレッシュタイム…3～4本

生クリーム…240ml

塩…小さじ1/4～ (好みで)

黒こしょう…適量

イタリアンパセリ (みじん切り)…適量

小さいカンパーニュブレッドなど
　　(好みで)…適宜

Notes

・じゃがいもの一部をつぶしてとろみを
つけるのが、このレシピのポイントです。
・ボストンでは本来、六角形の小さなク
ラッカーをひたしながら食べます。

作り方

1- 貝は薄い塩水に4～6時間つけ砂抜きをし、殻と殻をこすりあわせてよく洗う。鍋に貝と白ワインを入れて中火にかける (a)。貝の口が開いたらとり出し、身を殻からはずして2～4等分に切る (b)。鍋に残った貝のスープは、キッチンペーパーを敷いたざるで漉しておく。

2- ベーコンは1～1.5cm幅に切り、セロリと玉ねぎは1cmほど、じゃがいもは皮をむいて1.5cmほどの角切りに、にんにくはみじん切りにする。

3- 鍋にバターとオリーブオイルを入れ、中火であたためる。ベーコンを炒め、脂が出てきてカリっとしてきたら、セロリと玉ねぎ、にんにく、塩少々 (分量外) を加え、半透明になるまで炒める。じゃがいもを加え全体に油がからんだら (c)、薄力粉を加えさらに1～2分炒める。

4- 貝のスープ480ml (足りない場合は水を足す) を加え、ダマが残らないよう混ぜ、Aを加え、ふたをしてじゃがいもがやわらかくなるまで弱火で煮る。途中焦げないようにかき混ぜる。

5- じゃがいもがやわらかくなったら、ローレルとフレッシュタイムをとり出し、ハンドブレンダー (もしくはマッシャー) で、全体の1/4～1/3量のじゃがいもをマッシュする。

6- 貝のむき身と生クリームを加え (d)、軽くあたため、塩小さじ1/4～と黒こしょうで味をととのえ、火を止める。

7- 器によそう。ブレッドボウルを作る場合は、ブレッドの上の部分を切り落とし、中身を指でくり抜いて入れる。上からパセリをちらす。

a　　　　*b*　　　　*c*　　　　*d*

ニューイングランドコーンチャウダー

New England Corn Chowder

—

夏が短いニューイングランド地方のとうもろこしの旬は夏後半。
甘いとうもろこしを使ったコーンチャウダーは、ニューイングランド地方でも人気。
牛乳の量を調整して、好みのとろみ加減にしてもよいでしょう。

材料 (4人分)

とうもろこし…2本

玉ねぎ…1個

じゃがいも…2個

ベーコン (あればやや厚め)…40g

薄力粉…大さじ3

コンソメスープ (顆粒コンソメを適量の
　湯で溶いたもの) *…480ml

牛乳…240ml

生クリーム…120ml

塩、黒こしょう…各適量

バター…10g

イタリアンパセリ (みじん切り)…適量

＊ビーフ、チキン、野菜いずれの
　コンソメでもOK

作り方

1- とうもろこしは生のまま長さを半分に切り、切り口を下
にして芯に沿って粒を包丁でそぎ落とす (a)。玉ねぎ
は粗みじん切りに、じゃがいもは1〜2cm角、ベーコンは
1cm幅に切る。

2- 鍋を中火にかけバターを溶かし、ベーコンを炒めて脂が
出てきたら玉ねぎを加え炒める。

3- 玉ねぎが半透明になってきたら薄力粉を加え (b)、さら
に1〜2分炒める。

4- コンソメスープ、じゃがいもを加えてふたをし、煮立った
ら弱火にしてじゃがいもがやわらかくなるまで煮る (この
ときとうもろこしの芯を一緒に加えるとよいダシが出る。後でとり出す)
(c)。

5- 牛乳ととうもろこしを加え、塩、黒こしょうで味をととの
え、とうもろこしに火が通ったら、最後に生クリームを
加えて火を止める。上からパセリをちらす。

a　　　　　　　　　b　　　　　　　　　c

ボストンベイクドビーンズ

Boston Baked Beans

—

ベイクドビーンズは白いんげん豆を甘じょっぱいソースとともに、
オーブンで煮込んだもの。ボストンではモラセスで甘みをつけるのが特徴です。
マスタードパウダーがおいしさの秘訣なので忘れずに！

材料 (2〜3人分)

ベーコン (あればやや厚め) …約100g

玉ねぎ…1/2個

白いんげん豆 (水煮缶) …1缶 (約400g)

A｜スモークパプリカパウダー
　　　(またはパプリカパウダー) …大さじ1
　｜マスタードパウダー…大さじ1
　｜てんさい糖 (またはきび糖) …大さじ2
　｜モラセス (または蜂蜜、メープルシロップ、
　　　黒糖、ブラウンシュガー) …大さじ1
　｜トマトケチャップ…大さじ2
　｜塩…小さじ1/4

熱湯…150ml

作り方

1- 白いんげん豆はざるにあげ、水で軽く洗って水気をきっておく。ベーコンは1〜1.5cm幅に切り、玉ねぎは粗みじん切りにする。

2- ベーコンと玉ねぎを油をひかずにフライパンに入れ、中火で玉ねぎの色が半透明になってやわらかくなるまで炒める (a)。Aを加え、混ぜあわせる (b)。熱湯と白いんげん豆も加えて混ぜる。

3- 2をオーブン用耐熱容器に入れ (c)、220℃に予熱したオーブンで15分調理する。一度かき混ぜさらに5〜15分、煮汁がほとんどなくなるまで煮詰める。熱いままサーブする。

Notes

・目玉焼きとあうので朝ごはんにも◎。
・白いんげん豆の水煮缶が手に入らない場合は、赤いんげん豆 (レッドキドニー) など煮崩れしない豆で代用可。同じく、マスタードパウダーがどうしても手に入らない場合はからし粉小さじ1で代用可です。

モラセスとは？

砂糖を精製する際に出る副産物で、鉄分やミネラルが豊富で甘さが控えめの黒くドロッとした独特の風味のあるシロップ。クッキーやお菓子作りに使われることが多いです。

a *b* *c*

サリバンズバーガー

Sullivan's Burger

—

我が家のハンバーガーは肉汁たっぷり、野菜たっぷり、かぶりつくのも至難の業。
でもこれがとてつもなくおいしい！ パティの味つけはぼやけないようしっかりと。
下記の通りに重ねると、バンズが肉汁をしっかり受け止めます。

材料 (3〜4人分)

パティ

| 牛ひき肉…450g
| 卵…1個
| 塩…小さじ1/2
| 砂糖…小さじ1
| 黒こしょう…小さじ1/4
| ナツメグパウダー…小さじ1/8〜1/4

ハンバーガー用バンズ…3〜4個

スライスチーズ…3〜4枚

サニーレタス (またはグリーンリーフレタス)
　…適量

トマト (スライス) …3〜4枚

玉ねぎ (スライス) …適量

とんかつソース…適量

トマトケチャップ…適量

マヨネーズ…適量

油…適量

作り方

1- ボウルにパティの材料をすべて入れ、粘りが出るまでよく混ぜる (a)。3〜4等分にし、空気をよく抜きながら丸くまとめ、バンズよりもひとまわり大きくなるように平たくする (b)。グリルや少量の油をひいたフライパンで、なかに火が通るまで中火 (様子をみて適宜火加減の調整を) で両面を焼く。最後にスライスチーズをのせ、チーズがとろけはじめたら火を止める。バンズにも軽く焼き目をつける (c)。

2- バンズ下側、チーズをのせたパティ、トマト、玉ねぎ、レタスを順に重ねて、とんかつソースとケチャップ、マヨネーズをぬったバンズ上側をのせてでき上がり。

Notes

新玉ねぎなど辛みが少なく甘めの玉ねぎは、少し厚めにスライスするとおいしい。普通の玉ねぎは薄くスライスし、水にさらすといいでしょう。

a　　　　　*b*　　　　　*c*

Bun (Bottom)　Cheese & Patty　Tomato　Onion　Lettuce　Bun (Top)

How to Build >>>

ニューイングランドスタイルえびロール

New England Style Shrimp Roll

—

ボストンの夏の風物詩、ロブスターロールがえびにかわって登場です。
えびはゆですぎずぷりぷり感を残し、食べやすい大きさに切り
ごろごろ感も出して、ロブスターに負けないボリュームに。

材料 (2人分)

えび (無頭・殻つき) …約250g

セロリ…1/3〜1/2本

小ねぎ…2本

マヨネーズ…大さじ2

ディジョンマスタード…小さじ1/4

塩、黒こしょう…各適量

ホットドッグ用バンズ…2本
　(または厚めの食パン…1枚)

バター…15g

グリーンリーフ (またはサニーレタス)
　…2枚

ポテトチップス (好みで) …適宜

作り方

1- えびは背ワタをとり、殻をむく。片栗粉大さじ2と塩小さ
じ1/2 (いずれも分量外)、水少量とともにボウルに入れ、軽
くもむようにして汚れとくさみをとり、水ですすぎ、水気
をきっておく。

2- 鍋に水1Lと塩ひとつまみ (分量外) を入れ中火にかけ、
沸騰したらえびを入れ (a)、2分ほどゆでる (ゆですぎに
注意、色が変わればOK)。ゆで上がったらすぐに氷水にとり
(b)、冷ましてからとり出し、水気をよく拭きとる。尾を
とり、2〜3等分に切る。

3- セロリは1cmほどの角切りに、小ねぎは小口切りにす
る。

4- えび、セロリ、小ねぎ、マヨネーズ、ディジョンマスタード
をボウルに入れ混ぜあわせ (c)、塩、黒こしょうで味を
ととのえる。

5- フライパンを中火にかけバターを入れてあたため、ホッ
トドッグ用バンズの両面を焼き色がつくまで焼く (d)。
バンズにグリーンリーフを敷き、4をたっぷり挟む。好み
でポテトチップスなどを添えてサーブする。

Notes

写真ではニューイングランドスタイルの
ホットドッグ用バンズを使用しています
が、やわらかく側面が平らなのが特徴。
食パンでも代用可で、4枚切りなど厚め
の食パンを横半分に切り、間に切り込
みを入れます。通常のホットドッグ用バ
ンズやロールパンで作る場合、焼き色
をつけやすくするために側面を薄く切り
落とすといいでしょう。

a   *b*   *c*   *d*

コネチカットスタイルえびロール

Connecticut Style Shrimp Roll

—

あたたかいバターをまとったえびロールは、コネチカット州生まれの一品。
最後にレモン汁を足して味を引き締めます。チャイブもたっぷり忘れずに！

材料（2人分）

えび（無頭・殻つき）
　…約250g
ホットドッグ用バンズ…2本
　（または厚めの食パン…1枚）
バター…40g
にんにく（みじん切り）…1/2かけ

塩、黒こしょう…各適量
レモンの搾り汁…小さじ1
チャイブ（または小ねぎ、イタリアンパセリなど）
　（小口切り、イタリアンパセリはみじん切り）
　…適量

作り方

1- えびは背ワタをとり、殻をむき、尾を
　とる。片栗粉大さじ2と塩小さじ1/2
　（いずれも分量外）、水少量とともにボウ
　ルに入れ、軽くもむようにして汚れと
　くさみをとり、水ですすぎ、水気をふ
　きとる。

2- フライパンを中火にかけバター20gを
　入れてあたため、ホットドッグ用バン
　ズの両面を焼き色がつくまで焼き、
　とり出す。

3- 同じフライパンにバター20gをあたた
　めにんにくとえびを入れ（a）、えび
　に火が通るまで3分ほど焼く。塩、黒
　こしょうで味をととのえ、最後にレモ
　ンの搾り汁を加え火を止める（b）。

4- 焼いたホットドッグ用バンズに3を挟
　み、上からチャイブをちらす。

a

b

Notes

写真ではニューイングランドスタイルのホット
ドッグ用バンズを使用していますが、食パン
でも代用可です（P.44）。

Yoshiko's フィッシュタコス

Yoshiko's Fish Tacos
—

悶絶コーンサルサとフィッシュフライをあわせて、
最高においしいフィッシュタコスのでき上がりです！

材料（2〜4人分）

トルティーヤ…4枚

フィッシュフライ（P.48 たらのフライ、
　　　または市販品）…4本

コーンサルサ（P.32）…適量

ライム…1個

チポートレ風ソース

　マヨネーズ…大さじ2

　ヨーグルト…大さじ1

　チリペッパー…少々

　塩…少々

作り方

1- チポートレ風ソースを作る。マヨネーズとヨーグルトを小さめのボウルにあわせ、チリペッパーと塩で味をととのえる。

2- 皿にトルティーヤ4枚をのせ、その上に水で濡らして軽く絞ったキッチンペーパーをかぶせて、電子レンジで30秒ほどあたためる。

3- トルティーヤにフィッシュフライとコーンサルサを挟む。食べる直前に1をかけ、ライムを搾っていただく。

Notes

チポートレ風ソースはメキシコ料理でよく使われるクリーミーでちょっとスパイシーな人気のソース。このレシピではシンプルにチリペッパーのみを加えてフィッシュタコスのおいしさを引き立てるようにしています。

グランドフィッシュ＆チップス

New England Fish & Chips

元々はイギリスの移民からニューイングランド地方に伝わったもので、
今では夏のシャックハウスでいちばん人気のメニュー。
衣はビールと牛乳でさくさくに、なかはちょっとしたコツでふわふわに。

ニューイングランドフィッシュ&チップス

New England Fish & Chips

—

材料 (2人分)

フィッシュ

> たら (皮はとる) …350〜400g
>
> 塩…適量
>
> 薄力粉…大さじ1

バッター液

> 薄力粉…50g
>
> コーンスターチ…30g
>
> ベーキングパウダー…小さじ1/2
>
> 塩…小さじ1/4
>
> 溶き卵…1/2個分
>
> ラガービール…50ml
>
> 牛乳…50ml

チップス (フレンチフライ)

> じゃがいも…500g
>
> 塩…適量

油…適量

レモン…適量

タルタルソース (P.51) …適量

コールスロー (P.33) …適量

トマトケチャップ (好みで) …適宜

作り方

1- バッター液の材料をすべてよく混ぜあわせ (a) 、30分以上やすませる。

2- じゃがいもは皮をむいて (好みでむかなくても) 、1〜1.5cmの太さの棒状に切り、水分をよく拭きとる (水にさらさない) 。

3- 揚げ物用の鍋 (またはフライパン) に、底から3cmほどの高さまで油を入れる。165℃ほどの低温に熱し、じゃがいもを2〜3分揚げる (この時点では焼き色がつかなくてもよい) 。網にあげて油をきり (b) 、室温に冷ます。

4- たらは大きめに切り、よく水気を拭きとる。塩を少量ずつふり、薄力粉をまぶし、余分な粉ははたく (c) 。1のバッター液をまんべんなくからませ、余分なバッター液を落としてから3の鍋の油を150℃に下げて入れる。たらは一度にたくさん入れずに、油の表面半分がうまるくらいの量を目安にする。手前からたらの下の部分だけを油に入れ10秒ほどそのままにし (d) 、その後向こう側にむかって、たら全体をそっと油に入れる。黄金色になるまで5〜7分揚げ、油をよくきって網にあげる (先に揚がったたらは、冷めないよう90℃ほどにあたためたオーブンのなかで保温するとよい) 。

5- 4の鍋の油の温度を190〜195℃ほどの高温にし、3のじゃがいもを黄金色になるまで再び2〜3分揚げる。網にあげて、熱いうちに塩をふる。

6- たらとじゃがいもを皿にのせ、タルタルソース、コールスロー、レモン、好みでケチャップを一緒にサーブする。

Notes

・じゃがいもは水分をよく拭きとり、異なる温度で二度揚げすることで外はカリッと、なかはほくほくに。また、揚げるときは、少量ずつじゃがいもを入れて揚げていきます。

・たらは作り方4の通りにすれば、外はさくっとなかはふわふわに仕上がります!

50
—
51

Summer

a

b

c

d

タルタルソース

Tartar Sauce

—

ベストタルタルソース！
さっぱり軽めのソースがフライによくあいます。

材料 (2人分のニューイングランドフィッシュ＆チップス用)

マヨネーズ…大さじ5

ディジョンマスタード…小さじ1/2

ウスターソース…小さじ1/2

ピクルス (みじん切り) …大さじ1

ケイパー (みじん切り) …大さじ1

玉ねぎ (または紫玉ねぎ) (みじん切り) …大さじ1

イタリアンパセリ (みじん切り) …大さじ1

塩、黒こしょう…各適量

作り方

1- 材料をすべてボ
ウルに混ぜあわ
せる (a) 。

a

Notes

ピクルスは、手に入れ
ばガーキンスという小
さなきゅうりのピクル
スを使うとおいしい。

ニューイングランドほたてフライ

New England Fried Scallops

—

フィッシュ＆チップスなどと並び、ニューイングランドの夏らしい一品。
スティーマーという貝のフライドクラムが有名ですが、甘く肉厚な
ほたて貝柱のフライもおいしい。さくっと揚げてやわらかい食感を残します。

材料 (2人分)

ほたて貝柱…10個

牛乳…50ml

レモンの搾り汁 (または酢)…小さじ1

A | 薄力粉…35g
  | コーンフラワー…35g
  | 塩、黒こしょう…各小さじ1/4
  | カイエンペッパー…少々

油…適量

コールスロー (P.33)、
  フレンチフライ (P.48)、
  タルタルソース (P.51)…各適量

作り方

1- 揚げ物用の鍋 (またはフライパン) に、底から3cmほどの高さまで油を入れ、170℃ほどの中温に熱する。

2- 油を熱している間に、ボウルに牛乳とレモンの搾り汁を混ぜあわせ、ほたて貝柱を漬け込む (a)。

3- 2とは別のボウルにAを入れ、混ぜあわせる (b)。

4- ほたてを2の牛乳ミックスからひきあげ3のボウルに入れ (c)、粉をまぶす。再度牛乳ミックスに戻し、また3に入れ粉をまぶしてから (d)、油で1分半揚げる。

5- 油をよくきり、コールスローとフレンチフライ、タルタルソースとともに熱々をサーブする。

Notes

粒子が細かいコーンフラワーを使用しますが、どうしても手に入らない場合はコーンミールでも代用可。できればさらに砕いて使うといいでしょう。

a

b

c

d

ピーチコブラー

Peach Cobbler

—

コブラーとは、フルーツの上にケーキのような甘い生地をのせて焼き上げる
オールドファッションスタイルのスイーツ。あたたかくほんのり甘酸っぱいコブラーに
冷たく甘いアイスクリームを添えて、コントラストを楽しんで。

材料 (4人分)

桃…500g

オレンジジュース…大さじ2

グラニュー糖…大さじ5

無塩バター…60g (室温にもどす)

卵…1個 (室温にもどす)

バニラエクストラクト
　　…小さじ1/2 (またはバニラエッセンス…少々)

A　薄力粉…45g
　　ベーキングパウダー…小さじ1/4
　　塩…少々

アーモンドスライス…大さじ1〜2

バニラアイスクリーム…適量

作り方

1- 耐熱容器に薄く無塩バター (分量外) を塗る。

2- 桃は食べやすい大きさのくし切りにし (a)、ボウルに入れオレンジジュースとグラニュー糖大さじ1とあえる。1の耐熱容器にまんべんなく均等に入れる。

3- 無塩バターとグラニュー糖大さじ4を白くなるまでハンドミキサー (または泡立て器) でよく混ぜる (b)。卵とバニラエクストラクトを加えさらによく混ぜる。

4- Aを3回程度に分けて加え、その都度混ぜる。

5- 4を大さじ1ぐらいずつとり、2の桃の上に並べていく (c)。アーモンドスライスを上からちらす。

6- 190℃に予熱したオーブンで30〜40分焼く (生地が広がって黄金色になり、桃がぶくぶくいえばOK) (d)。

7- 粗熱をとって、バニラアイスクリームと一緒にサーブする。

Notes

・桃の皮はむいてもむかなくても好みで。
・桃以外に、ネクタリン、プラム、ベリー類でも作れます。量はいずれも500g用意してください。

a　　　　　　b　　　　　　c　　　　　　d

自家製レモネード

Homemade Lemonade

—

家の前で自家製レモネードを売る子どもたちの姿も夏ならでは。
砂糖が溶けやすいように最初にシンプルシロップを作ります。

材料（1〜2人分）

グラニュー糖…約50g

水…50ml

レモンの搾り汁…50ml（約1と1/2〜2個分）

冷水…100〜150ml

Notes

レモンはまな板の上におき、手のひらで数回ゴロゴロしてから半分に切ると、よく搾れます。

作り方

1- 小鍋にグラニュー糖と水を入れ中火にかける。砂糖が溶けたら火からおろし、室温に冷ます。

2- ピッチャーに1、レモンの搾り汁、冷水を加えかき混ぜる。グラスに氷を入れてサーブする。好みでミントやレモンの輪切りを飾りに加えても。

Autumn

秋のごはん

秋

ニューイングランド地方の秋は、息をのむような美しい紅葉、りんご狩り、きのこ狩り、ハロウィンや感謝祭など行事が盛りだくさん。9月半ば頃から農園でりんご狩りをすることができ、もぎたてのりんごを丸かじりしたり、農園で売られている手作りのアップルサイダー（生搾りりんごジュース）やアップルサイダードーナツをほおばるのは秋のニューイングランドらしい風景。もちろんりんごを使ったスイーツ作りも欠かせません。森に行けば数々の天然きのこを見つけることができ、なかでも舞茸狩りは私の毎年の楽しみでもあります。シーフードは貝類が旬を迎え、豊富に採れます。とくにオイスター（かき）は9〜12月が旬で、マサチューセッツ州のケープコッド半島、ロードアイランド州、メイン州のものが品質が高く有名。磯の香りと自然の塩味とうまみが口いっぱいに広がります。産地によって全く違うおいしさをみせるので、食べくらべも楽しいところ。

そして、毎年11月の第4木曜日に祝われるサンクスギビング（感謝祭）は、ニューイングランド地方にとってとても重要な伝統行事です。初期に入植したピューリタン（清教徒）たちがこの地に着いて寒くきびしい冬を乗り越えた後、先住民から農業の技術やこの地の食料などについて教わり、最初の収穫を一緒に祝ったことがサンクスギビングの原型になっているといわれています。サンクスギビングでは、ターキー（七面鳥）をメインに、かぼちゃをはじめとする秋の野菜、りんごなどの果物を使った料理やパイが作られ、秋に収穫期を迎え実りの象徴であるクランベリーのソースがふるまわれます。甘酸っぱいクランベリーソースは、ターキーとグレイビーソースと一緒に食べるため、サンクスギビングには欠かせない大事なソースです。

サンクスギビングは、家族が帰省し集まる機会でもあり、感謝とともに秋の伝統料理を楽しみます。それは日本のお正月に家族が集まりおせち料理を食べるのとよく似ていると思います。

1

2

3

サンクスギビングデーのテーブル。右奥から時計まわりにチーズマッシュポテト (P.64) 、芽キャベツのソテー (P.63) 、クランベリーオレンジソース (P. 76) 、ミートボールのグレイビーソース添え (P.74) 、アップルクリスプ (P.78) 。

1.広々としたりんご農園にはたくさんの種類のりんごの木がある。2.天然の舞茸のおいしさは特別！ 豚汁と舞茸ごはんにするのが私のお気に入り。3.地元産のオイスターは夫がむき私が食べる。4.ケープコッド産のクランベリーは高品質で有名。

サンクスギビングのテーブルは、秋の色を
ベースに季節の果物や花、キャンドルを飾
り、心あたたまるようなスタイリングに。

りんごとクランベリーのサラダ

Cape Cod Salad

—

クランベリーの産地、ケープコッド半島のかわいいレストランでいただく
サラダをイメージ。クルトンを入れてボリュームアップ、サラダランチにぴったりです。

材料 (2人分)

ベビーリーフ (またはルッコラなど) …約50g
ベーコン (あればやや厚め) …60〜90g
青りんご (または赤いりんご) …1/2個
ドライクランベリー…大さじ2
くるみ (軽く炒って粗く刻む) …大さじ2
ブルーチーズ (ちぎる) …適量

クルトン

| パン…40g
| オリーブオイル…大さじ1
| 塩、黒こしょう…各少々

ドレッシング

| りんご酢…大さじ2
| メープルシロップ
| …大さじ1〜2 (好みで)
| ディジョンマスタード…小さじ1
| オレンジの皮 (すりおろす) …小さじ1
| オレンジの搾り汁…大さじ1
| オリーブオイル…大さじ2
| 塩、黒こしょう…各適量

作り方

1- ドレッシングの材料をすべてよく混ぜあわせる。

2- クルトンを作る。フライパンを中火にかけオリーブオイルを入れてあたため、2cmほどの角切りにしたパンを焼き色がつくまで炒める。塩、黒こしょうで味をととのえとり出す。

3- ベーコンは中火にかけたフライパンでカリカリになるまで炒める。脂をきって冷まし、1.5cmほどの幅に切る。

4- りんごは4つに縦に切り、1〜1.5cm幅のいちょう切りにする (皮はむいてもむかなくても好みで)。

5- 器にドレッシング以外のすべての材料を盛りつける。食べる直前にドレッシングをかけてあえる。

芽キャベツのソテー

Sautéed Brussels Sprouts

—

サンクスギビング前になると大きな茎ごと出まわりはじめる芽キャベツは、
シンプルに調理するのがいちばん！ 味見でなくならないよう気をつけて。

材料（4人分）

芽キャベツ…20〜25個
オリーブオイル…大さじ2
塩…小さじ1/4
黒こしょう…少々
水…50ml

作り方

1- 芽キャベツは下の部分を葉がとれな
いよう少しだけそぎ落とし（*a*）、縦
半分に切る。フライパンを強めの中
火にかけオリーブオイルを入れてあ
たため、芽キャベツを入れ（*b*）、両
面に焼き色がつくまで焼き、塩、黒
こしょうをふる。

2- 水を加えふたをし（*c*）、中火で水分
がなくなるまで2分ほど蒸し炒めにす
る。途中1〜2回フライパンをゆする。
1個食べてみて、必要なら塩ひとつま
み（分量外）をふり、ひと混ぜして火を
止める（くたくたが好みなら、さらに1〜2分弱
火で蒸し炒めしてもよい）。

Notes

しっかり塩味をつけ十分に火を通すと、青く
ささが抜けておいしくでき上がります。

a　　　　　　*b*　　　　　　*c*

チーズマッシュポテト

Cheesy Mashed Potatoes

—

通常のマッシュポテトにチーズを加えてリッチに。
じゃがいもと一緒に玉ねぎを煮ることで、自然な甘みが加わります。

材料（4人分）

じゃがいも…4個
玉ねぎ…1/4個
バター…30g
とろけるスライスチーズ…4〜6枚
牛乳…大さじ2
塩、白こしょう…各適量

Notes
好みでクリームチーズやサワークリーム
を少し加えてもおいしい。

作り方

1- じゃがいもは皮をむいて縦半分に切ってからそれぞれ
6等分ほどに切り、玉ねぎは角切りにする。鍋に入れて、
ひたひたの水に塩小さじ1/4（分量外）を加え、中火にか
けてゆでる。

2- じゃがいもに竹串を刺してすっと通るくらいまでやわら
かくなったら、湯をきる。じゃがいもと玉ねぎを鍋に戻
し、再び中火にかけ、30秒ほど鍋をゆらしながら水分
をとばし、火からおろす。

3- じゃがいもが熱いうちにバターを加え、とろけるスライ
スチーズをちぎりながら入れてマッシャーでつぶす。牛
乳を加えなめらかになるまで混ぜる。ややかたいような
ら好みでさらに牛乳大さじ1〜2（分量外）を足す。 塩、白
こしょうで味をととのえる。

オイスターのミニョネットソース添え

Oyster with Mignonette Sauce

—

ニューイングランドの冷たく肥沃な水で育ったオイスターは、濃厚な味わい。
エシャロットとすし酢を使ったミニョネットソースでいただきます。

材料（4人分）

かき（生食用）…8〜12個

エシャロット（みじん切り）…大さじ1

すし酢…大さじ1

フレッシュディル（粗みじん切り）（好みで）
　　…適宜

黒こしょう…適宜

作り方

1- 容器にエシャロットとすし酢、好み
　でディルを入れ、混ぜあわせる。

2- むいたかきの上に1を適量のせ、好
　みで黒こしょうをかける。

Notes

・ミニョネットソースはすし酢を使うとマイルド
になり、食べやすくなります。あじやししゃも、
わかさぎなどのフライにかけてもおいしい。
・シュリンプカクテル（P.87）のカクテルソース
もオイスターにあいます。

ミイラホットドッグ／
チーズボーン／
アップルモンスター

Mummy Hot Dogs / Cheese Bones / Apple Monsters

—

ハロウィンにぴったりの3つのかわいいスナックたち。
市販の目玉キャンディーをつけてキャラクター全開に！
みんなの笑い声が聞こえてきます。

ミイラホットドッグ
Mummy Hot Dogs
—

材料（3〜6人分）

ホットドッグ用ソーセージ…6本

冷凍パイシート（15×23cm）…1枚

溶き卵…1/2個分

目玉キャンディー…12個

トマトケチャップ、マスタード…各適量

Notes

好みでスライスチーズをひも状に切って、一緒に巻きつけてもおいしい。

作り方

1- 冷凍パイシートを解凍し、1〜1.2cmほどの幅に切り、ひも状にした生地を12〜18本用意する。ソーセージ1本に対し2〜3本ずつ巻きつけていく（a）。余った生地も切ってさらに重ねて巻きつけてもよい。

2- オーブン用シートを敷いた天板にのせ、溶き卵を生地の表面にぬる（b）。200℃に予熱したオーブンできつね色になるまで10〜15分焼く。

3- オーブンからとり出し網にのせて粗熱をとったら、目玉キャンディーをケチャップやマスタードを糊がわりにしてソーセージにつける（c）。ケチャップとマスタードを添えてサーブする。

a   *b*   *c*

アップルモンスター
Apple Monsters
—

材料（3〜6人分）

青りんご（または赤いりんご）…1〜2個

いちご（薄切り）…1〜2個

ピーナッツバター…適量

シリアル（またはプレッツェル）…適量

目玉キャンディー…適量

作り方

1- りんごは皮ごと縦4等分に切り分ける。皮側の真ん中に2か所切り込みを入れ、開いた口のような形を作る（a）。

2- 1の切り込みの両側にピーナッツバターをたっぷりぬり、いちごを舌に、シリアル（もしくは小さく折ったプレッツェル）を歯に見立ててつける。

3- 目玉キャンディーを、ピーナッツバターを糊がわりにしてりんごにつける。

a

チーズボーン

Cheese Bones

—

材料（3〜6人分）

冷凍パイシート（15×23cm）…1枚

シュレッドモッツァレラチーズ

　（またはそのほかのシュレッドチーズ）…70g

溶き卵…1/2個分

作り方

1- 冷凍パイシートを解凍し、打ち粉（分量外）をした作業台の上に長いほうを横にしておき、溶き卵をぬる。その上にシュレッドモッツァレラチーズを均等にのせ（a）、生地の上側1/3を手前に折る。折った部分の生地の上に溶き卵をぬり（b）、再度手前に折り、下側1/3に重ねて三つ折りにする。

2- 麺棒で横30cm、縦10〜11cmほどにのばし（c）、溶き卵をぬり、2.5cmほどの幅に切って、ひも状の生地を10〜12本作る。生地の両端に2.5cmほどの切り込みを入れる（d）。

3- ひも状の生地の両端を持ってくるりとひねり（e）、オーブン用シートを敷いた天板にのせ、残りの溶き卵をぬる（f）。200℃に予熱したオーブンで黄金色になるまで15分ほど焼く。

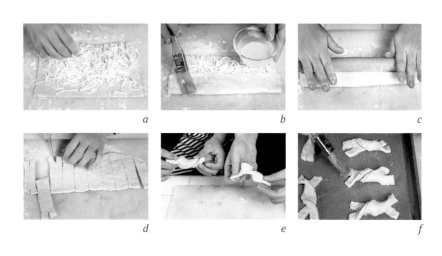

a

b

c

d

e

f

舞茸とマッシュルームのパイ

Hen of the Woods Turnover

―

大好きな舞茸を使った、クリーミーなパイ。
冷凍パイシートを使い、折りたたんで作るターンオーバーにすることで、
朝ごはんやおやつにも手軽に作れるカジュアルパイに。

材料（4個分）

冷凍パイシート（15×23cm）…2枚

舞茸、マッシュルーム…あわせて150g

ポロねぎ（または玉ねぎ）…50g

バター…20g

A｜ フレッシュタイム（みじん切り）
　　　…小さじ1*
　　シュレッドグリュイエールチーズ
　　（またはそのほかのシュレッドチーズ）…30g
　　生クリーム…50ml

塩…小さじ1/4

黒こしょう…少々

溶き卵…1/2個分

*ドライタイムでもOK。
　ただし分量は小さじ1/2に

作り方

1- 冷凍パイシートは解凍しておく。ポロねぎは白い部分をみじん切りにし、舞茸は食べやすい大きさにさき、マッシュルームは5mmほどの幅に切る。

2- フライパンを中火にかけてあたため、バター10gを溶かし、ポロねぎをしんなりするまで炒めてとり出す。同じフライパンに残りのバター10gを溶かし、舞茸とマッシュルームを炒める。しんなりしたら、とり出しておいたポロねぎをフライパンに戻し、Aを加える。塩、黒こしょうで味をととのえ、とろりとしてきて水分が少なくなってきたら火を止めて冷ます。

3- 解凍したパイシートを打ち粉（分量外）をした作業台の上に縦長におき、それぞれ横に半分に切って2等分にし、4枚のパイシートにする。2を1/4ずつそれぞれのパイシートの半分にのせ（a）、溶き卵をまわりにぬり、半分に折りたたみ、端をフォークの背で押さえながら止める。オーブン用シートを敷いた天板にのせ、溶き卵を表面全体にぬり、フォークで数か所穴を開ける（b）。

4- 200℃に予熱したオーブンで黄金色になるまで20～25分焼く。

Notes

オーブンパイにしたい場合は、パイシート1枚を十字に切って4等分にし、端から1cm内側の四方に切り込みを入れます。その内側にフォークで数か所穴を開け、作り方2の具材を1/4ずつのせ、溶き卵をまわりにぬりオーブンで同様に焼きます。パイシート1枚で4個分できます。

a　　　　　　　　　　*b*

豚肉ときのこのマスタードクリームソース

Pork Chop with Creamy Mushroom Mustard Sauce

―

粒マスタードの酸味と濃厚なクリームのソースが食欲をそそり、
たくさんのきのこと豚肉がペロリと食べられる栄養たっぷりの元気メニュー。
ごはん、パンどちらとも好相性。フライパンひとつで調理できます。

材料（2人分）

豚ロース肉（厚切り）…2枚（1枚約150g）

塩、黒こしょう…各適量

薄力粉…適量

オリーブオイル…大さじ1

ソース

舞茸、しめじ、しいたけ、えのきだけ
　　　…各100g

バター…15g

塩…小さじ1

黒こしょう…少々

A 牛乳…200ml
　 生クリーム…100ml
　 粒マスタード…大さじ2

作り方

1- 舞茸、しめじは石づきをとり、小房に分ける。しいたけは石づきをとり5mmほどの幅に切る。えのきだけは石づきをとって半分に切り、根元部分は小房に分ける。

2- 豚肉は筋切りをし（a）、包丁の背で両面をよくたたいてやわらかくする（b）。両面に軽く塩、黒こしょうをふり、薄力粉をまぶし、余分な粉ははたく。

3- フライパンにオリーブオイルを入れてあたため、豚肉を中火で3分、裏返して1分、そのままふたをして弱火で2分焼き、とり出しておく。

4- ソースを作る。3のフライパンに残った油を軽く拭きとり、バターを加え、中火で舞茸、しめじ、しいたけ、えのきを炒める。しんなりしてきたら塩、黒こしょうをふりひと混ぜし、Aを加え、少し煮立たせる。

5- 豚肉を入れ戻し、火が強すぎる場合は弱めの中火にして、軽くとろみがつくまで豚肉とソースをなじませる。ソースをたっぷりかけてサーブする。

Notes

・きのこ類は水で洗わずにキッチンペーパーで汚れを落とします。
・ソースを作る際、きのこがしんなりしてきてから塩を加えると水っぽくなりにくい。

a

b

ミートボールのグレイビーソース添え
Thanksgiving Meatballs with Gravy Sauce

サンクスギビングといえば七面鳥ですが、手に入りやすい鶏ひき肉を用いて、
ハーブをきかせたミートボールを作ります。つけ合わせはマッシュポテトを。
濃厚なグレイビーソースをたっぷりかけ、クランベリーソースを添えて召し上がれ。

材料 （4人分）

パン粉…45g

白ワイン…100ml

牛乳…100ml

玉ねぎ…1/2個

セロリ…1/2本

鶏ひき肉…450g

豚ひき肉…220〜230g

A ┌ フレッシュローズマリー （みじん切り）
　　　…小さじ1と1/2*¹
　├ フレッシュタイム （みじん切り）…小さじ1と1/2*¹
　├ フレッシュセージ （みじん切り）…小さじ1と1/2*¹
　├ 卵…1個
　├ 塩…小さじ1
　├ 砂糖…小さじ1
　├ 黒こしょう…小さじ1/4
　└ ナツメグパウダー…小さじ1/8

フレッシュセージ （あれば）…1本

油…適量

コンソメスープ
（顆粒コンソメを適量の湯で溶いたもの）*²…1L

グレイビーソース

┌ バター…70g
├ 薄力粉…大さじ6
└ 塩、黒こしょう…各適量

チーズマッシュポテト（P.64）…適量

クランベリーオレンジソース（P.76）…適量

*1 いずれもドライハーブでもOK。
　　ただし分量はフレッシュハーブの半量を使用
*2 ビーフ、チキン、野菜いずれのコンソメでもOK

作り方

1- 小さめのボウルにパン粉を入れ、白ワインと牛乳を注いでひたす。玉ねぎとセロリはみじん切りにする。

2- ボウルに鶏ひき肉と豚ひき肉、1、Aを入れ、粘りが出るまでよく練る。12等分して直径5cmほどに丸めて（a）、時間があれば30分ほど冷蔵庫に入れてやすませる。

3- 揚げ物用の鍋 （またはフライパン） に、底から3cmほどの高さまで油を入れ、180℃ほどの中温に熱し、あればセージをカラっとするまで揚げる。セージをひきあげ、油をきって飾り用においておく。ミートボールをそれぞれ3分ずつ揚げる （この時点では完全に火を通さなくてよい） （b）。

4- 鍋にコンソメスープを入れ、揚げたミートボールを加え、中火にかける。煮立ったら弱火にし、25〜30分ほど煮る。ミートボールをとり出し （c）、深めの皿に並べる。煮汁はざるで漉しておく。

5- グレイビーソースを作る。4の鍋をキッチンペーパーでふき、中火にかけバターを溶かし、薄力粉を加え2分ほど炒める。ざるで漉した煮汁を加え、泡立て器で混ぜながらとろみが出るまで火にかける （d）。塩、黒こしょうで味をととのえる。

6- 4のミートボールに、グレイビーソースを上からたっぷりかけ、先に揚げたセージを飾りでのせる。余ったソースも別容器にとって一緒にサーブするとよい。チーズマッシュポテトとクランベリーオレンジソースと一緒にいただく。

Notes

セージは最初に揚げて油に香りを移すことで肉のくさみをとるので、手に入ればぜひ。

a

b

c

d

クランベリーオレンジソース

Cranberry Orange Sauce

—

サンクスギビングディナーに欠かせないクランベリーソース。
クランベリーと相性のよいオレンジを加えてさわやかに。

材料 (作りやすい量)

クランベリー (フレッシュまたは冷凍) …170g

オレンジ (あれば無農薬のもの) (輪切り) …1/2個

オレンジの搾り汁…1/2個分

水…120ml

グラニュー糖…大さじ6

作り方

1- 材料をすべて鍋に入れ (a)、中火にか
けて沸騰してきたら火を弱め、ときどき
混ぜながらとろみがつくまで煮て、火を
止める。

2- 粗熱がとれたらオレンジの輪切りをとり
のぞき、容器に移して完全に冷ます。

a

Notes

ジャムとして、トーストと一緒に食べてもおいし
い。

クランベリーポップ

Cranberry Pops

—

かわいい見た目と楽しい食感、そしてなんともいえない甘酸っぱさがやみつきに。
口に入れて奥歯で軽くかむと、クランベリーが弾けてポップな音がします。

材料 (4〜6人分)

クランベリー (フレッシュ) …約300g

グラニュー糖…170g＋適量

水…200ml

Notes
———
・ポップな食感は失われますが冷凍の
クランベリーでも作れます。
・残ったシロップは炭酸水で割って飲
んだり、カクテルに使っても。

作り方

1- グラニュー糖170gと水を鍋に入れ中火にかけ、グラニュー糖を溶かす。煮立つ前に火を止める。

2- クランベリーを鍋に加え、ひと晩おく。クランベリーが沈まないように上に皿をのせるとよい (a)。

3- クランベリーをざるにあげ (b)、汁気をきり、バットに入れた適量のグラニュー糖のなかで転がすようにしてまぶす (c)。

4- グラニュー糖がカリカリになるまで2時間ほど乾かす。

a　　　　　　　*b*　　　　　　　*c*

アップルクリスプ

Apple Crisp

—

アメリカではじめてアップルクリスプを食べたとき、そのおいしさに感動！
ほんのり甘酸っぱくてあたたかいアップルクリスプと、
甘くて冷たいバニラアイスクリームがとてもよくあいます。

材料（4〜6人分／容量1〜1.4Lほどの耐熱容器ひとつ分）

アップルフィリング

りんご（ふじ）…650〜700g

A　てんさい糖（またはきび糖）…大さじ3（約35g）

コーンスターチ…大さじ1

シナモンパウダー…小さじ1と1/2

ナツメグパウダー…小さじ1/8

クローブパウダー…少々

クリスプ

B　薄力粉…大さじ8（約70g）

オートミール（ロールドオーツ）*
…大さじ8（約60g）

てんさい糖（またはきび糖）…大さじ8（約90g）

ベーキングパウダー…小さじ1/2

シナモン…小さじ1

塩…小さじ1/4

無塩バター…75g

バニラアイスクリーム…適量

*オーツ麦の外皮をのぞき、蒸して平たくしたもの

作り方

1- 耐熱容器に、無塩バター（分量外）を薄くぬる。

2- りんごは1個を8等分に切り皮をむき、2cmほどの幅の
いちょう切りにする。Aとともにボウルに入れ混ぜあわ
せ、1の容器に入れる（a）。

3- クリスプを作る。ボウルにBを入れ混ぜあわせてから、
無塩バターを加える。フォークや指で細かくし（b）、2
の上に均一にのせる（c）。

4- 190℃に予熱したオーブンで10分焼き、その後温度を
180℃に下げて35分、フィリングがぶくぶくいうまで焼
く。

5- 食べやすい温度に冷ましてからバニラアイスクリームと
ともにサーブする。冷えてしまった場合は、少しあたた
めるとよい。

Notes

りんごは甘みと酸味のバランスが
よいふじがおすすめ。

a

b

c

ホットアップルサイダー

Hot Apple Cider

—

アップルサイダー（生搾りりんごジュース）に、オレンジやスパイスを加えた
ホットドリンク。秋から冬へと肌寒くなっていくこの季節、心も体もあたたまります。

材料（4人分）

りんごジュース

　　（無加糖、無加水のもの）…800ml

オレンジ（あれば無農薬のもの）…1個

りんご（あれば無農薬のもの）…1個

クランベリー（フレッシュまたは冷凍）

　　（あれば）…大さじ3〜4

シナモンスティック…2〜3本

クローブホール…6粒

オールスパイスホール…5粒

スターアニス（八角）…2〜3個

シナモンパウダー（好みで）…適宜

作り方

1- オレンジとりんごはよく洗い、皮つき
　のまま輪切りにする。

2- 鍋にすべての材料を入れ (a)、中火
　にかける。沸いてきたらとろ火にし、
　じっくり10〜15分ほど煮出し、カッ
　プによそう（スパイスなどはのぞいても）。

a

Dates and Blue Cheese with Prosciutto

Bacon Wrapped Scallops

Shrimp Cocktail

Mackerel Pâté

Johnnycakes

Hot Spinach Dip

Arugula with White Balsamic Vinegar

Buttered Green Beans

Herb Roasted Potatoes

Garlic Mashed Potatoes

Butternut Squash Soup

New England Baked Cod

Roast Chicken with White Wine Gravy Sauce

Yankee Pot Roast

Chicken Pot Pie

Boston Brown Bread in a Can

American Chop Suey

Holiday Eggnog

Winter

冬のごはん

IV

冬

ニューイングランド地方の冬はとても寒くて長く、雪がたくさん降ります。そんな冬のいちばんの楽しみはやはり12月のホリデーシーズン。宗教によって祝うものは異なりますが、このホリデーシーズンの人々の真剣度は我々日本人の想像をはるかに超えています。我が家はクリスマスを祝うので、生のもみの木を買い、ライトをつけデコレーションをし、家族や友達へのプレゼントはなにがいいかを考え、あらゆる手段を使ってそれらを購入し、ラッピングに精を出します。小さい子がいればサンタクロースに手紙を書き、ショッピングモールへ出向きサンタクロースと一緒に写真を撮り、ホリデースイーツやクッキーを作り、ホリデーパーティーを主催したり招待されたりと、12月のすべてがクリスマス一色になります。

クリスマス料理にとくに決まりはなく、ターキー（七面鳥）の丸焼きやハムのかたまり、ローストビーフなど家庭によってそのメニューは多種多様です。クリスマスは家族とゆっくり過ごし、プレゼントを交換しあい、おいしい食事をともにすることがなにより大切にされているように感じます。

次に大きなイベントはニューイヤーズイブ。日本とは違い、大晦日にお祝いをします。それまでの家族行事とはうって変わって、友達とカウントダウンパーティーをする人が多いのも特徴。

その後のニューイングランド地方の人たちは、春が訪れる3月頃まで英気を養いながらゆっくり過ごしたり、スキーやスノーボード、クロスカントリースキーなどのウィンタースポーツを楽しみながら過ごします。雪景色のきれいな寒い日は暖炉に火をおこしホットチョコレートを飲んだり、底冷えのする寒い夜はオーブン料理で体をあたためたり、寒さや雪と共存しながら心地よく楽しくおいしく暮らす術をニューイングランド地方の人たちは持っています。

1

2

3

クリスマスのテーブル。手前から時計まわりにハーブローストポテト（P.92）、ローストチキンの白ワイングレイビーソース添え（P.97）、バターナッツかぼちゃのスープ（P.94）。

1.大きなツリーにお気に入りのオーナメントを飾りつける。プレゼントは大小なんでも包んで数多く。2.愛犬も赤い服でクリスマス仕様に。3.ニューイングランド地方のオーブンで作る家庭料理は、家のなかも体もあたたまる。4.さっとできるフィンガーフードはパーティーにぴったり。

パーティーのテーブル。手前右から時計まわりにほたての
ベーコン巻き（P.86）、デーツとブルーチーズの生ハム巻き
（P.85）、さばパテ（P.88）とジョニーケーキ（P.89）。

デーツとブルーチーズの生ハム巻き

Dates and Blue Cheese with Prosciutto

—

甘いデーツのなかに塩辛いブルーチーズを挟み、生ハムで巻いてオーブンへ。
甘じょっぱい味わいがたまらないワインにあうおつまみです。

材料（4人分）

デーツ…8個
ブルーチーズ…50g
生ハム…2〜3枚

作り方

1- デーツは切り込みを入れ（a）、あれば種をとり出す。

2- なかにブルーチーズを挟み、適当に切り分けた生ハムで巻く（b）。

3- 2をオーブン用シートを敷いた天板にのせ、200℃に予熱したオーブンで5分焼く。

Notes

生ハムのかわりにベーコンでも。

a

b

ほたてのベーコン巻き

Bacon Wrapped Scallops

—

あるとうれしいフィンガーフードの大定番。メープルシロップで作る
照り焼き風ソースをたっぷりぬって。好みでガーリックパウダーを足しても。

材料 (4人分)

ほたて貝柱…8個

ベーコン…4枚

　　（またはハーフベーコン…8枚）

醤油…大さじ1

メープルシロップ…大さじ2

ガーリックパウダー (好みで) …適宜

イタリアンパセリ (みじん切り) …適量

作り方

1- メープルシロップと醤油をあわせておく。好みでガーリックパウダーを少々足してもよい。

2- ベーコンは半分に切り (ハーフベーコンはそのまま)、ほたて貝柱を巻いて爪楊枝で止める。

3- オーブン用シートを敷いた天板に2を並べて、1の半量を上にぬる (a)。

4- 200℃に予熱したオーブンに入れて10〜15分、ベーコンのまわりがクリスピーになってくるまで焼く。途中ひっくり返して残りの1をぬる。

5- パセリをちらしてサーブする。

Notes

・ベーコンは厚切りでないものを使ってください。

・フライパンや魚焼きグリルで焼いてもいいでしょう。

a

シュリンプカクテル

Shrimp Cocktail

—

えび好きにはたまらない大人気のフィンガーフード。テーブルが華やぎます。
ゆですぎずぷりぷりに仕上げるのがおいしくするコツ。

材料（4〜6人分）

えび（無頭・殻つき）…450g

A | レモン…1/2個
　| パセリ…4〜5本
　| ローレル…2枚
　| フレッシュタイム…4〜5本
　| 塩…小さじ1
　| 砂糖…小さじ1

カクテルソース

　| トマトケチャップ…大さじ4
　| ホースラディッシュ…小さじ1〜1と1/2
　| ウスターソース…小さじ1/2
　| レモンの搾り汁…小さじ1/2

Notes

ホースラディッシュがどうしても手に入らない場合は、わさびで代用可（量は好みで調整を）。

作り方

1- えびは殻をつけたまま背ワタをとり、片栗粉大さじ2〜3と塩小さじ1/2（いずれも分量外）でもみ洗いしてよく洗い流す。

2- 鍋に水2LとA（レモンは果汁を搾ってから入れる）を入れ、沸騰させる。えびを入れ（*a*）、火を止め、2分〜2分半おく（えびが大きめの場合は30秒〜1分ほどのばす）。えびをとり出し氷水に15分つける（*b*）。

3- えびを氷水で冷やしている間、カクテルソースのすべての材料を混ぜあわせる（ホースラディッシュの量は好みで加減する）。

4- えびの尾から第1関節のところまで殻を残してむき、水気を拭いて、カクテルソースとともにサーブする。

a　　　　　　　　　*b*

さばパテ

Mackerel Pâté

—

ニューイングランド沖でとれるブルーフィッシュのかわりにさばを使ったパテ。
塩さばを使うと味が決まりやすいです。白ワインがすすむ一品です。

材料 (4～8人分)

焼き塩さば…半身

A クリームチーズ…50g (室温にもどす)
　 フレッシュディル (みじん切り) …大さじ1/2
　 ケイパー (みじん切り) …大さじ1/2
　 紫玉ねぎ (みじん切り) …大さじ4
　 レモンの皮 (すりおろす) …1/2個分
　 レモンの搾り汁…1/2個分
　 ウスターソース…小さじ1/4
　 白ワイン…大さじ1

塩、黒こしょう…各適量

作り方

1- 焼き塩さばの身をほぐし、ボウルにAとともに入れ (a) 、よく混ぜあわせる。塩、黒こしょうで味をととのえる。

Notes

ジョニーケーキ (P.89) やクラッカー、パンにのせてどうぞ。

a

ジョニーケーキ

Johnnycakes

—

コーンミールで作る先住民のパンケーキ。ブルーフィッシュパテと一緒に提供する
レストランがボストン市内にあります。ぜひボストン気分を味わってみて。

材料 (4〜8人分)

A｜コーンミール…60g
　｜薄力粉…40g
　｜てんさい糖 (またはきび糖) …大さじ1と1/2
　｜塩…小さじ1/2
　｜ベーキングソーダ (重曹) …小さじ1/4
　油…大さじ1
　卵…1個
　牛乳…180ml
　レモンの搾り汁 (または酢) …大さじ1
　バター…適量

作り方

1- ボウルに牛乳とレモンの搾り汁を混ぜあわせ5分ほどおく。

2- ボウルにAを混ぜあわせる。

3- 1に油、卵を加え泡立て器でよく混ぜあわせる (a)。

4- 2と3を混ぜあわせる。

5- フライパンを中火にかけあたため、バターを溶かす。4の生地をスプーンなどを使って入れ、直径5cmほどの大きさの丸形のケーキを焼く (b)。表面に穴がぷつぷつと開きはじめ、底側の生地に焼き色がついたら、ひっくり返して1分ほど焼く。残りの生地も同様に焼く。

Notes
・残りの生地を焼いている間、焼き上がったケーキは80〜90℃にあたためたオーブンに入れ、冷めないようにしておきましょう。
・サワークリームととびこやいくらをのせて食べても◎。

a　　　　　　　*b*

熱々ほうれんそうのディップ
Hot Spinach Dip
—

熱々のディップをチップスやパン、野菜などにつけていただきます。
冷凍のほうれんそうをそのままボウルに入れて調理するお手軽レシピ。

材料 (4人分)

A | ほうれんそう (冷凍) …150g
  | クリームチーズ…100g (室温にもどす)
  | サワークリーム…100g
  | シュレッドモッツァレラチーズ
  | (またはそのほかのシュレッドチーズ) …30g
  | パルメザンチーズ (細かくおろす)
  | …大さじ4
  | ガーリックパウダー…小さじ1/4
  | 塩…小さじ1/4
シュレッドモッツァレラチーズ
  (またはそのほかのシュレッドチーズ) …40g

つけるもの

好みの野菜 (にんじん、ラディッシュ、
  ゆでたカリフラワーやスナップえんどうなど)、
  パン、ポテトチップス…適量

作り方

1- ボウルにAを入れ (ほうれんそうは冷凍のまま
   入れてOK) (a)、混ぜあわせ、軽く油 (分
   量外) を塗った耐熱容器に平らになる
   ように入れる。シュレッドモッツァレラ
   チーズを上に均等にちらす (b)。

2- 190℃に予熱したオーブン、またはオー
   ブントースターで20分ほど、表面に焼き
   色がついてぶくぶくいうまで焼く。

Notes

焼き色が早くつきそうな場合は、
途中でアルミホイルをかぶせると
よいでしょう。

a   *b*

ルッコラとホワイト
バルサミコ酢のサラダ

Arugula with White Balsamic Vinegar

—

いくらでも食べられてしまう組みあわせ。
ルッコラが手に入らなければ、
水菜、クレソン、ベビーリーフミックスでも。

材料 (4人分)

ルッコラ…200g
ホワイトバルサミコ酢…大さじ2
エキストラバージンオリーブオイル
　　…大さじ2
塩、黒こしょう…各少々

作り方

1- ルッコラは洗った後、水気をよくきる。根元を切り落とし食べやすい長さに切りボウルに入れる。食べる直前に、残りの材料を入れあえる (塩は入れすぎないこと)。

いんげんのバターあえ

Buttered Green Beans

—

Easiest Recipe Ever !
ゆでてバターをからめるだけでおいしい。
もう一品野菜メニューがほしいときのお助けレシピ。

材料 (4人分)

いんげん…200g
バター…15g
塩、黒こしょう…各適量

作り方

1- いんげんを塩少々 (分量外) を入れた湯でゆで上げる。湯を切り、いんげんが熱いうちにバターをからめ、塩、黒こしょうで味をととのえる。

ハーブローストポテト

Herb Roasted Potatoes
—

なんにでもあう、王道のポテトつけ合わせレシピ。
ハーブは手元にあるものや手に入りやすいものを使ってください。

材料 (4人分)

じゃがいも…3個

　(または新じゃがなど小さいじゃがいも…約450g)

フレッシュハーブ (イタリアンパセリ、ディル、

ローズマリー、タイム、チャイブなど好みで) *

　…適量

にんにく (みじん切り) (好みで)

　…ひとかけ

オリーブオイル…大さじ1

塩…小さじ1/2

黒こしょう…適量

*なければドライハーブでもOK

作り方

1- じゃがいもは2〜3cm角 (小さいじゃがいもの場合は2〜4つ) に切る (皮はむいてもむかなくても好みで)。ハーブはみじん切りにする。

2- ボウルにすべての材料を入れよく混ぜあわせ、天板に並べる (じゃがいもが重ならないように)。

3- 200℃に予熱したオーブンで30〜35分 (またはじゃがいもに火が通り、よい焼き色がつくまで) 焼き上げる。途中15分ほどたったところでじゃがいもをひっくり返す。

Notes

ハーブは数種類を混ぜても、1種類だけでもOK！

ガーリックマッシュポテト

Garlic Mashed Potatoes

—

いつものマッシュポテトをひとひねり。
にんにくとコンソメをじゃがいもと一緒に調理することで深みのある味に。

材料 (4人分)

じゃがいも…3〜4個

にんにく…2かけ

コンソメスープ (顆粒コンソメを適量の
　湯で溶いたもの) *…適量

バター…30g

牛乳…100〜150ml

塩、白こしょう…各適量

*ビーフ、チキン、野菜いずれの
　コンソメでもOK

作り方

1- じゃがいもは皮をむいて縦半分に切ってからそれぞれ6等分ほど
　に切り、にんにくはつぶして鍋に入れる。コンソメスープをじゃがい
　もがひたひたになるくらい入れ、中火にかける。

2- じゃがいもに竹串を刺してすっと通るくらいまでやわらかくなっ
　たら、湯をきる。じゃがいもとにんにくを鍋に戻し、再び中火にか
　け、30秒ほど鍋をゆらしながら水分をとばし、火からおろす。

3- じゃがいもが熱いうちにバターを加え、マッシャーでじゃがいもを
　つぶし、牛乳を好みのやわらかさになるよう様子をみながら加え
　る。塩、白こしょうで味をととのえる。最後に好みでバター (分量外)
　をのせる。

バターナッツかぼちゃのスープ

Butternut Squash Soup

—

秋になるとバターナッツかぼちゃがたくさん出まわります。
日本の一般的なかぼちゃにくらべるとさっぱりしていて甘みが少ないですが、
熱を加えると甘くなるので、スープにするととてもおいしい。

材料 (2〜3人分)

オリーブオイル…大さじ1

バターナッツかぼちゃ…約500g

玉ねぎ (薄切り)…1/2個

コンソメスープ (顆粒コンソメを適量の
　湯で溶いたもの)*1…300ml

牛乳…100ml

生クリーム…50ml

塩…適量

てんさい糖 (またはきび糖、メープルシロップ)
　…小さじ1〜小さじ2*2

クルトン

> パン…約20g
>
> オリーブオイル…大さじ1/2
>
> セージの葉 (あれば)…数枚
>
> 塩…少々

*1　ビーフ、チキン、野菜いずれの
　　コンソメでもOK
*2　かぼちゃの甘みによって調節を

作り方

1- クルトンを作る。フライパンを中火にかけオリーブオイルを入れてあたため、あればセージの葉を加え (a)、カラっとするまで火を通し、油に香りを移す。セージをキッチンペーパーを敷いた皿にとり出す。パンを1cmほどの角切りにし、フライパンに加え (b)、焼き色がつくまで炒め (必要なら分量外のオリーブオイルを足す)、キッチンペーパーを敷いた皿にとり出す。塩をふる。

2- バターナッツかぼちゃは縦半分に切り (c)、種をスプーンでとり出す。皮をピーラーなどでむき、さらに縦半分にし、2cmほどの幅のいちょう切りのようにする。

3- 鍋を中火にかけオリーブオイルを入れてあたため、玉ねぎをしんなりするまで炒める。かぼちゃを加え、全体に油がまわるまで炒める。コンソメスープを加え、かぼちゃがやわらかくなるまで煮て、いったん火を止める。

4- ハンドブレンダー (またはミキサー) でピューレ状になるまで攪拌し、牛乳を加え、再び中火にかける。塩とてんさい糖で味をととのえ、最後に生クリームを加えて火を止める。

5- 器によそい、クルトンとセージの葉をのせる。

Notes

てんさい糖やきび糖、もしくはメープル
シロップを加えて甘みを引き出します。

a

b

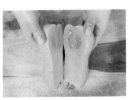

c

ニューイングランドたらのオーブン焼き

New England Baked Cod

—

ニューイングランド地方の家庭料理で、たらが多くとれるこの地域ならではの一品。
食べるときにレモンをキュッと搾って召し上がれ！

材料（2〜3人分）

たらの切り身（皮はとる）…450〜650g

パン粉…60g

バター（溶かす）…60g

塩…小さじ1/4

黒こしょう…少々

レモン（くし切り）…適量

イタリアンパセリ（粗みじん切り）…適量

作り方

1- 溶かしたバターから少量をとり、オーブン用耐熱皿にぬる。

2- 残りの溶かしたバターとパン粉をよく混ぜる（a）。

3- たらの水分をキッチンペーパーでよく拭き、耐熱皿に入れ、たらの表面に塩と黒こしょうをふる（b）。2をその上にまんべんなくのせる（c）。

4- 200℃に予熱したオーブンで15〜20分ほど、表面に焼き色がついて、出てきた水分がぶくぶくいうまで焼く。

5- パセリをちらし、レモンを添えてサーブする。

Notes

・本来はリッツ クラッカーを使ってクラストを作りますが、パン粉を使って軽めの仕上がりに。
・焼き色が早くつきそうな場合は、途中でアルミホイルをかぶせるとよいでしょう。

a

b

c

ローストチキンの
白ワイングレイビーソース添え
Roast Chicken with White Wine Gravy Sauce

ローストチキンの白ワイングレイビーソース添え

Roast Chicken with White Wine Gravy Sauce

—

丸鶏のローストは、クリスマスのテーブルを一気に華やかなものにしてくれます。

コツをつかんでしまえばとても簡単で、時間もさほどかかりません。

丸鶏が手に入ればおもてなしにも、普段の食事にもぜひ作ってほしいメニューです。

材料 (4人分)

丸鶏…1羽 (2kg前後)

A
- にんにく (皮つきのまま丸ごと横半分に切る)
  …1個
- レモン (縦半分に切る) …1個
- フレッシュタイム…5〜6本

B
- 玉ねぎ (くし切り) …1個
- にんじん (乱切り) …1〜2本
- セロリ (乱切り) …1本

バター (溶かす) …60g

塩、黒こしょう…各適量

グレイビーソース

- チキンコンソメスープ
  (顆粒チキンコンソメを適量の
  湯で溶いたもの) …240ml
- 白ワイン…240ml
- 薄力粉…大さじ2〜4
- バター (好みで) …大さじ1〜2

作り方

1- 丸鶏は調理する1時間ほど前に冷蔵庫からとり出し、室温に近い状態にする。

2- 丸鶏を洗い、水分をキッチンペーパーでよく拭きとる。

3- 塩、黒こしょうをお腹のなかと外側にまんべんなくふり、手でよくもみこむ。Aをお腹のなかに入れる (a)。むね側を上にして丸鶏の足をたこ糸でしばる (b)。

4- 丸鶏をロースティングパンのなかにむね側を上にして入れ、手羽先は焦げないように体の下側に入れこみ、まわりにBの香味野菜を敷き詰める。溶かしたバターの3/4を鶏にまんべんなくかける。残りはBの上にまわしかける (c)。

5- 200℃に予熱したオーブンに入れ1時間半ほど焼く。むねのいちばん厚い部分に竹串を刺し透明な汁が出れば焼き上がり。

6- 焼き上がったらロースティングパンから鶏をとり出し、まな板の上などで15分やすませる。

7- 鶏をやすませている間に、グレイビーソースを作る。野菜をロースティングパンからとり出し、コンソメスープと白ワインを入れ半量近くになるまで中火で煮詰める。

8- 小さめのボウルに薄力粉大さじ1と7を大さじ2ほどあわせてルーを作り、ロースティングパンのなかに混ぜ入れ (d)、とろみをつける (泡立て器を使うとよい)。様子をみながら再びルーを作り足していき、好みのとろみに仕上げる。最後に好みでバターを加えると風味ととろみが増す。

9- 鶏を切り分け、グレイビーソースとともにサーブする。

Notes

・丸鶏を室温にもどしてから調理することで、なかが生焼けという状態を避けられます。

・グレイビーソースを作る際、とろみがつきすぎてしまったらコンソメスープを足して調整を。ダマができたらざるで漉します。

a   *b*   *c*   *d*

チキンの切り分け方

1- しばっていたたこ糸を切り、
脚をはずす。

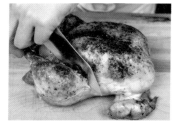

2- もものつけ根から包丁を入
れ、関節を探す。

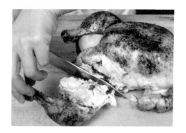

3- 関節に包丁を入れ、脚を体か
ら切り離す。反対側も同様に
体から脚を切り離す。

4- 手羽元を切り離す。むねの脇
に包丁を入れ、関節を探しあ
て、手羽元を体から切り離す。

5- むね肉をはずす。むねの真ん
中の骨の脇に包丁を入れ、あ
ばら骨に沿うようにしてむね
肉全体をそぎ落とす。反対側
も同様にする。

6- むね肉を切り分ける。1.5cm
ほどの厚さに切る。

7- ももとドラムスティックを切り
分ける。包丁を関節に入れて
切り離す。

余力があれば——

ももについている骨を包丁の先を使ってはずし、2cmほどの幅に切り分けるとよい。

Notes

・関節を探して、関節の真ん中に包
丁を入れると簡単に切りはずせま
す。関節を手で折るようにして切り分
けの介助をしてもよいでしょう。
・切り分けている最中に、もし生焼
けのように感じたら、あわてることな
く切り分けた肉を再度オーブンに入
れて数分焼いてください。

ヤンキーポットロースト

Yankee Pot Roast

—

ニューイングランド地方の伝統煮込み料理。やわらかく煮込まれた肉と、
肉から出たうまみと香味野菜のリッチなソースが見事に調和して、
ひと口ほおばるとなんともいえない幸せな気分になります。

材料 (4人分)

牛肩ロースかたまり肉…1kg

塩、黒こしょう…各適量

薄力粉…適量

オリーブオイル…大さじ2

A｜にんじん (乱切り) …200g
　｜玉ねぎ (くし切り) …1個
　｜セロリ (乱切り) …2本
　｜にんにく (粗みじん切り) …2〜3かけ

赤ワイン…240ml

ブランデー (あれば) …大さじ2

ビーフコンソメスープ (顆粒ビーフコンソメを
　適量の湯で溶いたもの) …480ml

フレッシュタイム…5〜6本

バター…30g

Notes

・オーブンで使用可能な鍋で調理を。ガスコンロを使う場合は、煮立ったらごくとろ火で3時間から3時間半調理します。途中何度か肉の上下を変えてください。
・半量の肉で作る場合は、160℃に予熱したオーブンで30分、その後120℃で1時間調理します。コンロを使用する場合は1時間半〜2時間。

作り方

1- 牛肉をたこ糸でしばり (a) 、塩、黒こしょうをまんべんなくふり、薄力粉をまぶす。

2- 鍋を中火にかけ、オリーブオイルを入れてあたため、牛肉全体に焼き色をつける (b) 。焼き色がついたらバットにとり出す。

3- Aを鍋に入れ、塩、黒こしょうを軽くふり、全体に油がまわるまで中火で2〜3分炒める。

4- 赤ワインとあればブランデーを加え、一度煮立たせてからコンソメスープを加え、牛肉を戻し入れる。タイムを加え、再び煮立ったら火を止める (c) 。ふたをして160℃に予熱したオーブンに入れ1時間、その後温度を120℃に下げ1時間半調理する。フォークが肉に簡単に刺さるか、肉の温度が72℃になっていればでき上がり。

5- 肉をバット、もしくはまな板に移し、アルミホイルをかぶせてやすませる (d) 。

6- ソースを作る。鍋からタイムをとり出し、鍋に浮いている脂分をなるべくすくいとる。ハンドブレンダー (またはミキサー) で野菜と汁をピューレ状になるまで攪拌し、バターと塩、黒こしょうで味をととのえる。

7- 肉のたこ糸をはずしてスライスし、ソースとともにサーブする。

◎ヤンキーとはアメリカ北東部、主にニューイングラド地方に住む白人に対しての俗称

a

b

c

d

チキンポットパイ

Chicken Pot Pie

—

アメリカ全土のコンフォートフードといっていいでしょう。
チキンクリームシチューにパイ生地でふたをし、オーブンで焼き上げ
熱々をいただきます。体がとてもあたたまります。

材料 (直径10cmの耐熱容器4個分)

鶏肉 (もも肉またはむね肉)…250g
じゃがいも…200g
A 玉ねぎ…1/2個
　 にんじん…1/2本
　 セロリ…1/2〜3/4本
マッシュルーム…2〜3個
にんにく…1かけ
無塩バター…45g
オリーブオイル…大さじ1/2
薄力粉…大さじ3
水…300ml
チキンコンソメの素…1個
ローレル…1枚
冷凍グリーンピース…50g (大さじ5〜6)
塩…小さじ3/4〜1
白こしょう…適量
生クリーム…50ml
冷凍パイシート (15×23cm)…2枚
溶き卵…1/2個分

作り方

1- 冷凍パイシートは解凍しておく。じゃがいもは1.5〜2cmほど、Aは
それぞれ1〜1.5cmほどの角切りにする。マッシュルームは5mmほ
どの幅に切り、にんにくはみじん切りにする。鶏肉は1.5〜2cmほど
の角切りにする (a)。

2- 鍋を中火にかけバターとオリーブオイルを入れてあたため、鶏肉を
炒めて色が変わってきたら、1で切った残りの材料をすべて加え、
全体的に油がまわるように1分ほど炒める。

3- 薄力粉を加えて1〜2分炒め、水を足し、ダマにならないようによく
かき混ぜる。チキンコンソメの素とローレルを加え、ふたをして野
菜がやわらかくなるまで煮る。煮立ったら弱火にして、途中焦げな
いようにかき混ぜながら煮る。

4- ローレルをとり出し、冷凍グリーンピース、塩小さじ3/4、白こしょう
を加える。生クリームを加えて混ぜ、味をみて必要ならさらに塩小
さじ1/4を足して、火を止める。

5- 解凍したパイシートを、耐熱容器よりひとまわり大きく丸く切り
(b)、真ん中に十字の切り込みを入れる。耐熱容器4個に4を均
等に入れる。丸に切ったパイシートのふちに溶き卵をぬり、耐熱
容器にかぶせ、ふちをしっかり押さえながらふたをする (c)。パイ
シートの表面全体に溶き卵をぬる。

6- 190℃で予熱したオーブンで20〜30分ほど、パイ生地が黄金色に
なり、シチューが十字の穴からぶくぶく出てくるまで焼く (d)。熱々
をサーブする。

a *b* *c* *d*

ボストンブラウンブレッド缶

Boston Brown Bread in a Can
—

ボストンのオールドファッションスタイルのブラウンブレッド。
生地をこねずに缶に入れ、蒸し焼きにして作ります。
ベイクドビーンズ (P.40) とあわせるとコージーなディナーに。

材料 （430g容量の缶3本分）

A｜薄力粉…60g
　｜ライ麦粉…50g
　｜コーンミール…70g
　｜ベーキングソーダ (重曹) …小さじ1
　｜ベーキングパウダー…小さじ1
　｜塩…小さじ1
　｜てんさい糖 (またはきび糖) …小さじ1

B｜牛乳…240ml
　｜モラセス (P.40、または蜂蜜) …80ml
　｜バニラエクストラクト…小さじ1
　｜　　（またはバニラエッセンス…少々）

無塩バター (室温にもどす) …適量

作り方

1- バターを缶のなかにたっぷりぬる。

2- ボウルにAを入れ、泡立て器でよく混ぜあわせる。

3- 別のボウルにBを入れよく混ぜあわせ、2に加え混ぜあわせる。

4- それぞれの缶の半分まで3の生地を入れる。缶を数回台の上にとんとんと軽く落として空気を抜き (a)、それぞれの缶にアルミホイルでふたをする。

5- 深めのロースティングパンやオーブンに使用できる鍋にキッチンペーパーを2枚敷き、缶を入れる。熱湯を缶の半分ほどの高さまで注ぎ (b)、180℃に予熱したオーブンで40〜50分蒸し焼きにする。竹串を刺してなにもついてこなければでき上がり。

6- トングで缶をとり出し、網の上にのせ、アルミホイルをはずし、粗熱をとる。粗熱がとれたら逆さにして底をとんとんたたいて缶からとり出し (c)、完全に冷ましてから、スライスする。

Notes

・18×8.5cmのパウンド型ひとつでも焼けます。作り方は缶の場合と同様で、焼き時間は様子をみながら加減を。
・ブレッドにはバターはもちろん、クリームチーズをぬってもおいしい。

a

b

c

アメリカンチョプスイ
American Chop Suey
—

牛ひき肉とマカロニとトマトソースのパスタキャセロール。
ニューイングランド地方発祥の家庭料理で、我が家でもよく登場します。
自家製のマリナラソースを使うと、一段とおいしくなります。

材料 (2〜4人分)

マカロニ…120〜150g

牛ひき肉 (または合いびき肉) …約220g

玉ねぎ (約1.5cmの角切り) …1/2個

ピーマン (約1.5cmの角切り) …3個

にんにく (みじん切り) …1かけ

油…大さじ1〜2

赤ワイン…50ml

イタリアンシーズニング (下記、
　　または市販品) …小さじ1

A｜トマトペースト…大さじ3
　｜カットトマト缶…200g
　｜マリナラソース (P.108、または市販の
　｜　トマトソース) …240g

塩…小さじ1/4＋適量

黒こしょう…適量

シュレッドモッツァレラチーズ
　　(またはそのほかのシュレッドチーズ) …100g

Notes
──────────────
マリナラソース (または市販のトマト
ソース) の塩分によって、加える塩加
減を調整してください。

作り方

1- マカロニを塩 (分量外) を入れた湯でアルデンテにゆで上げ、湯をきる。

2- フライパンを中火にかけ油を入れてあたため、玉ねぎを炒め、半透明になってきたらにんにくとピーマンを加え、しんなりしたら皿にとり出す。

3- 2のフライパンに必要なら油を足し、牛ひき肉を焼きつけるようにして炒める。肉に火が通ってきたら2を戻し入れ (a)、イタリアンシーズニング、塩小さじ1/4と黒こしょうを加える。赤ワインを加え、アルコールをとばしながら炒める。

4- Aを加えひと混ぜしたら、マカロニを加え混ぜる (b)。味をみて塩、黒こしょう適量で味をととのえる。

5- 耐熱容器に4を入れ、表面にシュレッドモッツァレラチーズをちらす。アルミホイルをかぶせて、180℃に予熱したオーブンで10分焼く。ホイルをはずしてさらに5分焼く。

a   *b*

イタリアンシーズニング

材料 (作りやすい量)

ドライバジル…大さじ1

ドライオレガノ…大さじ1

ドライパセリ…大さじ1

ドライローズマリー…大さじ1/2

ドライタイム…大さじ1/2

ガーリックパウダー…大さじ1/2

作り方

1- 材料をすべて混ぜあわせ、密封容器に入れ保存する。

イタリアン
ドレッシング

Italian Dressing

—

チョプスイで作ったイタリアンシーズニングのドレッシング。
このドレッシングで鶏肉をマリネして焼いても◎。

材料 (作りやすい量)

エクストラバージン	砂糖…小さじ 1/2
オリーブオイル…大さじ4	イタリアンシーズニング
白ワインビネガー…大さじ2	(P.107)…小さじ1
パルメザンチーズ…大さじ2	塩…小さじ 1/4〜1/2
マヨネーズ…大さじ1	黒こしょう…小さじ 1/4

作り方

1- 材料をすべてよく混ぜあわせる。

Dressing & Sauce Recipe

自家製マリナラソース

Marinara Sauce

—

毎夏完熟トマトで作りますが、トマト缶で作ってもおいしい。
塩味は薄めにしておくと、料理に使う幅が広がります。

材料 (作りやすい量／でき上がり量約1L分)

玉ねぎ (みじん切り) …1個	オリーブオイル…大さじ8
にんにく (みじん切り) …1かけ	塩…小さじ1/2
カットトマト缶…約800g	

作り方

1- 鍋を弱火にかけオリーブオイルを入れてあたため、
玉ねぎとにんにくをじっくり炒める。

2- トマト缶を加え、一度沸騰させてから弱火にし、少
しずらしてふたをして15分ほど煮詰める。

3- 塩で味をととのえる。

ホリデーエッグノッグ

Holiday Eggnog

—

アメリカ人の夫にとって、子ども時代からホリデーシーズンといえばこれ。
この時期は冷蔵庫に常備しています。甘めがおいしい。

材料（2人分）

卵黄…2個
砂糖…大さじ2〜3
生クリーム…100ml
牛乳…100ml
ナツメグパウダー、クローブパウダー、
　　シナモンパウダー…各少々

作り方

1- 黄身と砂糖を白っぽくふわっとなるまでよく泡立てる。

2- 1に残りの材料をすべて加えてよく混ぜる。

Notes
—

好みでラム酒を少し加えて大人味にしても。

Profile

サリバンよしこ
Yoshiko Sullivan

ボストン在住。
2010年より、季節にあわせたおもてなし料理とテーブルスタイリング、基本の家庭料理の料理教室を主宰。
ニューヨークやボストンの料理学校、高校、大学、カルチャーセンター、企業のイベントセミナーでもクラスを持ち、大手料理サイトにて1年にわたり、和食レシピ、料理写真、コラムを寄稿する。
アメリカ最大手のキッチンプロダクトブランド「Williams-Sonoma」では、3年間カラナリースペシャリストとしてクッキングクラスや料理イベントを担う。
現在はオンラインレッスンにて料理教室を行う一方、企業のレシピ開発などにも携わる。
Instagramではボストンの暮らしとレシピのほか、毎月のオンラインレッスンやイベントの情報も投稿している。

https://www.instagram.com/yoshikosull/

料理・スタイリング・文 — サリバンよしこ
写真 ——————— ドウェル恵子
　　　　　　　　　サリバンよしこ
調理アシスタント ——— 遠藤由美子
デザイン ————— 千葉佳子 (kasi)
校正 ——————— 坪井美穂
編集 ——————— 鈴木利枝子

ボストンから、
ニューイングランド地方の旬ごはん

2024年6月15日　初版第1刷発行

著者　　　サリバンよしこ
発行人　　山手章弘
発行所　　イカロス出版株式会社
　　　　　〒101-0051 東京都千代田区神田神保町1-105
　　　　　book1@ikaros.co.jp (内容に関するお問合せ)
　　　　　sales@ikaros.co.jp (乱丁・落丁、書店・取次様からのお問合せ)

印刷・製本　　株式会社シナノパブリッシングプレス